父母的觉醒

魏凤莲 / 著

航空工业出版社
北京

内 容 提 要

孩子的教育由家庭教育、学校教育和社会教育三部分组成。家长是孩子的第一任老师，家庭是孩子的第一所学校，家庭教育是不可或缺的一个重要的教育环节。家庭教育是否得当，是教育是否成功的关键。本书通过大量生活中的案例，提出要想养育自主、坚韧、有觉察力的孩子，首先父母要觉醒。只有觉醒的父母，才能给孩子温柔而有力的教养，才能放下控制，培养孩子做最好的自己。

图书在版编目（CIP）数据

父母的觉醒/魏风莲著. —北京：航空工业出版社，2024.4

ISBN 978-7-5165-3716-9

Ⅰ.①父… Ⅱ.①魏… Ⅲ.①家庭教育 Ⅳ.①G78

中国版本图书馆CIP数据核字（2024）第060023号

父母的觉醒
Fumude Juexing

航空工业出版社出版发行
（北京市朝阳区京顺路5号曙光大厦C座四层 100028）
发行部电话：010-85672688 010-85672689

三河市双升印务有限公司印刷 全国各地新华书店经售
2024年4月第1版 2024年4月第1次印刷
开本：710×1000 1/16 字数：155千字
印张：11.25 定价：58.00元

前言
PREFACE

爱和独立

孩子的教育由家庭教育、学校教育和社会教育三部分组成。家长是孩子的第一任老师，家庭是孩子的第一所学校，家庭教育是不可或缺的一个重要的教育环节。家庭教育是否得当，是教育是否成功的关键。

目前，中国家庭教育的职责几乎全部由母亲来承担。从传统意义上来讲，“男主外，女主内”的思想依然存在。女人一旦结婚生子后，她的天性会让她在家庭中付出更多。可以说母亲是家庭教育的核心，因而母亲的教育方法决定着家庭教育的成败。

无数的事实证明，优秀孩子的身后通常有一位优秀的母亲，因为她给予了孩子真正的母爱。

什么是母爱？母爱是人类最纯洁、最无私、最珍贵的情感。毋庸置疑，母爱是伟大的，是孩子安全感和幸福感的源泉，但如何爱孩子是一门大学问。爱太多了有时候也是一种伤害，甚至是毁灭性的伤害。

有一个杀人犯，在他即将走向刑场的时候，向监狱长提出了一个要求，他想见母亲最后一面。监狱长同意了他的要求。一见面，母亲便开始哭。面对悲痛欲绝的母亲，儿子提出了最后一个请求：“妈，我能不能再吃您最后一口奶？”

老母亲悲痛地点了点头，监狱的狱警也被感动得眼泪在眼眶里打转。老母亲撩开衣服，儿子俯下身去。随后是一声惨叫，这位母亲的奶头被儿子咬了下来。

儿子大声喊道：“妈，你为什么不好好地教育我，总是溺爱我？是你导致了我今天的无法无天。你要对我的死负责！”老母亲愕然地看着自己的儿子，一句话也说不出来。

很多父母其实也像这位母亲一样，根本没有意识到自己对孩子的爱有什么问题。面对他人善意的提醒，总是振振有词："我爱我的孩子有什么错？"

你爱自己的孩子当然没有错，但是爱得太过，爱得已经伤害到了孩子，就是你的错了。

真正的母爱，不是以爱的名义过度溺爱、保护、控制、干预、唠叨，甚至打骂孩子，而是逐渐接受与孩子分离的过程，得体地退出。

遗憾的是，很多父母不明白这个道理，总是以爱孩子的名义实施错误的教育方式，致使孩子的独立性越来越差。在强调个性发展和独立人格的教育环境中，不懂得适时退场的母爱与现实教育是相矛盾的，是与培养孩子的独立能力相冲突的。

真正的母爱不应该是一成不变的，应该是分阶段的。一般来说，母爱主要分为三个阶段。第一个阶段是0~3岁，这个阶段的任务是和孩子培养亲密关系，呵护孩子成长；第二个阶段是3~18岁，这个阶段的任务是和孩子逐渐分离，培养孩子的独立能力；第三个阶段是18岁以后，任务是和孩子分离，让孩子能够独立生活。

台湾作家张晓风的散文《我交给你们一个孩子》中写道："他有属于他的一生，是我不能相陪的，母子一场，只能看作一把借来的琴弦，能弹多久，便弹多久，但借来的岁月毕竟是有其归还期限的。"所以，我们都是有期限的父母，即使再不舍得，该退场的时候还是要退场，而且要积极主动地退场。千万不要打着爱孩子的名义，耗在场上干预孩子的人生。

关于本书，有两点我在这里特别提醒一下：

一是本文谈及的"母亲"，泛指"父母双亲"，只在某些段落特指母亲这一性别角色，本文谈及的"母爱"，其实也包括父爱，只是在家庭教育中多以母亲为核心，因而用母爱概括。

二是这里说的"退出"，不是彻彻底底不再管孩子，而是指父母接受与孩子逐渐分离的过程；并不是慢慢放弃对孩子的关爱，而是慢慢调整爱孩子的方式。

目录
CONTENTS

第1章 过分溺爱——披着关爱外衣的“软刀子”

穷养富养都不如用爱养 / 003
溺爱是在给孩子喂“甜毒药” / 005
以自我为中心的“小皇帝” / 008
人人唯恐避之不及的“小霸王” / 010
稀释“隔代亲”中爱的浓度 / 013
父母不要和孩子过度亲密 / 015
爱不可溺：走出溺爱寻“智爱” / 018

第2章 过度保护——其实是卸掉孩子身上的“盔甲”

有一种冷叫“你妈觉得你冷” / 023
凡事大包大揽，不如适当偷懒 / 026
没摔坏就让他自己爬起来 / 028
要是有人打你，学会保护自己 / 030
世界不可怕，陌生人不全是“大灰狼” / 031
放手，相信孩子的自我保护能力 / 033
再爱孩子，也不能包庇他的过错 / 036

第3章
控制欲强——孩子成为父母的“提线木偶”

父母无权主宰孩子的思维 / 041
诚信教育：从“不逼迫”开始 / 043
别动不动就给孩子设立太多规矩 / 046
把最后的决定权交给孩子 / 048
放手，不是让孩子野蛮生长 / 051
好孩子不是命令出来的 / 053

第4章
干预太多——泯灭孩子的天赋与能力

别总是给“破坏大王”当头一棒 / 059
兴趣，应该是孩子自己的事 / 061
别强迫孩子实现父母设计好的蓝图 / 064
天性不可违：每个孩子都爱玩 / 067
呵护孩子宝贵的好奇心 / 069
不要折断孩子的翅膀，又逼着他飞翔 / 071

第5章
过高期望——致使孩子厌恶或麻木

神童，到底能走多远 / 077
超前教育：不符合教育规律 / 079
不要总是像监工一样监视着孩子 / 081
不以成绩论成败，解除分数“紧箍咒” / 084
别用孩子的表现当家长的面子 / 086
夸孩子努力而不是夸孩子聪明 / 088

第 6 章
唠叨太盛——容易让孩子产生“零反应”

别做孩子眼里的“啰唆老太婆” / 093
为什么好心会变成“驴肝肺” / 095
一味地说教，孩子会选择性失聪 / 098
批评教育：谨防扩大化、重复 / 100
管好你的脾气，忍住你的唠叨 / 103
要想孩子听话，父母先要“听话” / 106

第 7 章
打骂教育——棍棒下不会出人才

被吓大的孩子是没有安全感的 / 111
不要动辄对孩子恶语相加 / 113
不要用打骂逼孩子撒更大的谎 / 115
孩子偷东西，父母要先自我检讨 / 119
孩子淘气并不是什么坏事 / 123
教育孩子切忌用蛮力，要用巧劲儿 / 125
打骂能管孩子一时，不能管孩子一世 / 128
孩子撒谎，父母要提升容忍度 / 130

第 8 章
转换角色——像知心朋友一样与孩子对话

放下架子做父母，与孩子平等对话 / 135
换位思考，了解孩子的真实感受 / 137
父母要学会尊重孩子的意愿和想法 / 140
以宽容之心，无条件地接纳孩子 / 143
莫视孩子与异性交往为洪水猛兽 / 146
信任能激发孩子的内心动力 / 149

第9章 得体退出——再爱孩子也不要迷失自己

在外“铁娘子”，在家“小娘子” / 155
父爱不可或缺，让父亲参与进来 / 158
不要为了孩子死守名存实亡的婚姻 / 161
做最好的自己，别把劲儿都使在孩子身上 / 164
不建议女人为了孩子而放弃工作 / 167
父母态度一致，形成教育孩子的合力 / 170

第1章

过分溺爱
——披着关爱外衣的“软刀子”

得不到父母关爱的孩子是不幸的，
得到父母溺爱的孩子同样也是不幸的。
溺爱不是爱而是害，它就像一把软刀子，
“杀孩子”于无形之中。

我们对于情感的理解越多，
则我们越能控制情感，
而心灵感受情感的痛苦也越少。
——斯宾诺莎

穷养富养都不如用爱养

不知何时起，在教子领域刮起了“穷养”“富养”风。我认为，穷养也好，富养也罢，都应该根植于一个“爱”字上。没有爱做基础，怎么养都养不出一个好孩子。

关于教育孩子的问题，苏联作家高尔基曾经这样说过：“爱孩子，这是连母鸡都会做的事。”可是这件连母鸡都会做的事，有的父母却做得很不好。

有的父母可能会辩解：因为感情生活不顺，不自觉地拿孩子出气；因为一直想要一个男孩，偏偏生的是一个女娃；因为孩子太不听话，实在是忍无可忍，等等。不论你的理由是什么，孩子都是无辜的。

既然是我们大人选择将孩子带到这个世上，那就要做好那件“连母鸡都会做的事”——爱孩子。如果连这一点都做不到，还谈什么“穷养”“富养”。

其实，“穷养”和“富养”都太过刻意，最好的教育应该顺其自然。让孩子感受到来自父母的爱才是最重要的。与西方父母相比，我们中国父母总是很含蓄，即便心里再爱孩子，也总是羞于表达。孩子一旦认定父母是不爱自己的，很有可能做出一些过激的行为。

我爱人的父母一直居于农村，每到寒暑假我们都会带着孩子去农村待上一段时间。一天早上，我刚推开门，就听见东邻院子里传来小女孩的哭声。隔着院篱笆，我忙问怎么回事。妞妞的妈妈生气地指着妞妞对我说：“你看这个败家孩子，一脚就把这个小鸡踩死了。”

我赶紧打圆场说：“孩子可能一时没看见，你就别生气了。”

妞妞妈妈推了一把正在抹眼泪的妞妞说："她怎么就没看见，我在屋里隔着玻璃看着了，她就是故意往小鸡身上踩的。这几只小鸡，我起早贪黑照顾好些天了，让这小妮子一脚就踩死一只。你说该不该打她？"

妞妞8岁了，在我的印象里她是一个非常乖巧的女孩，怎么会故意踩踏小鸡呢？我觉得其中一定有什么误会。于是，我把妞妞招呼了过来，顺便也让她妈妈消消气。

我问孩子："妞妞，真的是故意踩死小鸡的吗？"

妞妞不说话，但是点了点头。

这有点儿出乎我的意料，我继续问道："为什么踩死小鸡呢？你觉得小鸡很可恶吗？"

"不是小鸡可恶，是妈妈可恨。"

"为什么？"

"妈妈只爱弟弟，根本就不爱我。"

国家放开"二胎"后，妞妞妈妈年初生了一个大胖小子，这我是知道的。

妞妞继续说："每天妈妈只知道照顾弟弟，我要是弄出一点动静，她就对我吼。"

我知道妞妞这是吃弟弟的醋了。妞妞妈妈将全部心思放在了二宝身上，忽略了对妞妞的照顾，让妞妞感觉到了自己不被重视。

"可是，这跟小鸡有什么关系啊？"我不解地问道。

"我觉得妈妈对小鸡都比对我好，每天喂它们吃的，给它们喝的。我饿不饿、渴不渴她都不管。"妞妞一脸委屈地说道。

我实在无法想象，一个8岁的小女孩一脚把妈妈养的小鸡踩死了，只是因为觉得妈妈对小鸡比对自己更好。

不可否认，妞妞的行为有些过激，但是，如果平时妞妞妈妈在照顾二宝的同时，能表达一下对女儿的爱，也许这样的事情就不会发生。父母吝于表达对孩子的爱，容易给孩子带来挫败感和不自信，成年后孩子可能需要花费很大力气进行自我疗愈。

任何一个孩子都需要来自父母的爱，被爱使孩子有安全感与幸福感。妞妞妈妈忽略了妞妞的感受，没有很好地表达出自己对妞妞的爱，让妞妞产生了仇视心理。

调查表明，如果父母经常对孩子说“我爱你”“你是我最好的宝贝”“你真棒”等话，以及经常拥抱、抚摸和亲吻孩子，会带给孩子很强的安全感和幸福感。人一旦有了安全感，自信、稳定、自在的感觉就会油然而生。心理学家认为，孩子最害怕的就是被父母遗弃，这包括身体上的，也包括精神上的。

没有爱的世界是冷酷的，没有爱的世界是悲惨的，没有爱的世界是阴暗的。作为父母，应当让孩子感受到自己的爱，让孩子获得爱的力量。孩子们长大后注定要在充满压力的环境中生存，而从小就得到温暖的人则更能对抗社会环境的压力，身心发展得也更为健康。

父母的爱，就像河水的源头，当孩子的灵魂面临干涸时，给孩子以希望；父母的爱，就像不灭的灯塔，当孩子陷于黑暗之中时，给孩子以光明；父母的爱，就像激昂的旋律，当孩子意志消沉时，给孩子以鼓舞；父母的爱，就像明媚的阳光，当孩子遭遇烦恼时，给孩子拨云见日的勇气。就像“知心姐姐”卢勤说的那样：“爱是一个口袋，往里装，产生的是满足感，而往外掏，产生的是成就感。”

溺爱是在给孩子喂“甜毒药”

爱是伟大的，但是从来都不应该是盲目的。前文提到的高尔基的那句名言，还有后半句：“但是，要善于教育他们，这却是需要才能和广博生活知识的伟大事业。”溺爱不仅不是爱，而且是一种害。我经常对那些过于溺爱自己孩子的父母说，你们这是在喂孩子“甜毒药”。孩子愿意吃，你们就无节制地给。看起来一切都是为了孩子，但实际上这是在做毁掉孩子的事。爱孩子可以，溺爱孩子绝对不可以。

一般说来，溺爱孩子的父母通常有以下几个方面的表现：

（1）总是给孩子特殊待遇。孩子在家庭中的地位总是高人一等，处处受到特殊照顾，他不爱吃家常菜，马上就给他另开小灶。他不喜欢某件衣服，马上就领他去买一件新的。即使爷爷奶奶不过生日，孩子的生日也得隆重地过。

（2）轻易满足孩子的要求。有的父母不习惯拒绝孩子，对孩子的要求总是无原则地满足，孩子想要什么就给什么。自己省吃俭用，也要满足孩子的要求。孩子的要求就是指令，孩子的需求就是第一需求。

（3）稍有磕碰就大惊小怪。小孩子很少有不淘气的，磕碰是难免的，可是有的父母太在意这些小闪失，稍微有点磕碰就惊慌失措，大惊小怪。

（4）让孩子变成自己的“小尾巴”。有的孩子都十几岁了，父母也不敢让他单独出门，也不许他和同龄的孩子玩。总之，除了上学时间，孩子一定要在自己的视线范围内。要是有事必须出门，就把孩子变成自己的“小尾巴”。

（5）有太多的“保护伞”。孩子做错事，批评他是应该的，这是教他们明辨是非。但是，在很多家庭中，经常有这样的情况出现，孩子做错了事，爸爸管，妈妈护着；妈妈管，爸爸挡着；父母管，奶奶爷爷站出来说话。

溺爱不是爱而是害。它可能让孩子变成“软弱虫”，也可能让孩子变成“霸王龙”。如果任何事情父母都帮孩子去做的话，孩子就越来越依赖父母，遇到任何事情都不想自己解决，这样的孩子承受挫折的能力非常弱。如果父母做什么都以孩子为中心，对孩子的要求有求必应，孩子会变得越来越自私，在家里霸道，出去也霸道。这样的孩子是最不受欢迎的。

溺爱就像“甜毒药”一样，虽然表面上香甜可口，但其实内里是有毒的，孩子“吃”得多了，身心都会造成伤害。偏偏有些父母不自知，以为这是给孩子最好的东西。

我的三舅，一直都有重男轻女的思想，但生了一个女孩后，没敢再要第二胎。眼瞅着三舅妈快40岁了，计划生育政策也有了调整，夫妻俩一合计，生！就这样，表妹18岁那年，三舅妈终于如愿生了一个儿子。这可把全家人乐坏了，特别是三舅，老来得子，心里就像吃了蜜一样甜。

自从小表弟出生后，三舅、三舅妈就开始围着他转，对他可以说是百依百顺，娇惯得不行，只要他稍微有点儿哭声，就赶紧抱起来哄。最后的结果是根本就放不下去，一放下就哭。就这样，夫妻俩轮流倒班，每天抱着小表弟吃饭、睡觉。可能由于抱得过多，小表弟的身体非常虚弱，经常感冒发热。翻身、坐、站立、走路、说话都比同龄的孩子晚。最让人受不了的是好哭闹。只要有一点不合适，这孩子就开始哭，有时候哭得自己都快憋过气去了。每次三舅、三舅妈都心疼得不得了，变着法地哄。

小表弟上幼儿园后，早上起床仍然是个难题，经常赖在被窝里不起来。三舅、三舅妈心疼小表弟，经常给老师打电话请假。该吃饭的时候也不好好吃，怕他饿着，就给他买各种他爱吃的零食。结果越吃零食越不爱吃饭，身体瘦弱不说，体检的时候还铅超标，各种微量元素缺乏。

在夫妻俩的娇惯下，小表弟经常惹是生非。老师批评他，他总是不服气，甚至跟老师顶撞。每次老师与家长沟通，让他们好好管管小表弟，他们听了也很生气，下决心好好管教小表弟，可是小表弟一哭，他们的心就软了。在三舅、三舅妈的溺爱之下，小表弟的胆子越来越大。

小表弟小时候是不愿意离开家，上了初中后是整天不爱回家。原来，他交上了一些不三不四的社会小青年，整天逃课和他们混在一起。直至有一天派出所打电话，说小表弟伙同几个社会青年偷了学校小卖店的钱后，三舅夫妻俩才流下悔恨的泪水。

马卡连柯说过：“父母对子女爱得不够，子女就会感到痛苦，但是过分的溺爱虽然是一种伟大的感情，却会使孩子遭到毁灭。”所以，父母不要以爱的名义，给孩子喂“甜毒药”了。就算让孩子受用一时，可能也会害了孩子一世。

以自我为中心的“小皇帝”

父母过分溺爱、娇惯自己的孩子，容易让孩子滋生“以自我为中心”的倾向，逐渐产生自私自利、蛮横无理等性格上的缺陷。

一天，一对中年夫妇找到我，请教我如何教育上初中的独生儿子的问题。孩子的父亲一脸无奈，孩子的母亲满面愁容。

父亲说：“我们的家庭很富裕，工作也都很不错。我在世界五百强之一的企业里工作，是一名软件工程师。爱人是一名教师，在一所重点中学任教。我们的儿子过去很好，可现在越来越不像话了。我要是训他一顿，他敢当着我的面直接摔东西。我爱人要是骂他一顿，他甚至直接摔门走人，很久都不回来，急得我们到处找，最后还得哄他。我们就这一个儿子，真的怕有什么闪失。万一他真的离家出走，或者走上什么邪路，这都是我们俩承受不了的。但是，他现在越来越不听话，不服我们的管教。我们该怎么办呢？”

“你们都是怎么管他的呢？”我忍不住插话。

母亲说：“我本身就是一名教师，从他很小的时候就很用心地教育他。上小学的时候，他特别懂事，成绩一直名列前茅。在生活上我对他的照顾可以说无微不至。我们家的条件一直都还可以，他有一个单独的房间，里面堆满了他喜欢的玩具。在吃、穿、住方面，我们从来没亏待过他。我们就这一个孩子，挣再多的钱还不是为了他。我们给他买名牌鞋子、衣服，这让他从小就有一定的优越感。现在，他已经15岁了，想看电影，就看电影；想吃西餐，就吃西餐；想买什么乐器，再贵，我们也会给他买……我们本着再苦也不能苦孩子的心理将他养大，设法满足他的一切要求。可他现在却不听从我们的管教了。你看我们也没有对不住他的地方啊，他怎么越来越无情呢？现在总是顶撞他爸爸，对我就更不用说了，经常对我吼。他15岁了，个子都比我高出一头了。他冲我吼的时候，有时候我甚至有些害怕。”

从他们的叙述中可以看出，他们的儿子从小就生活在比较富裕的家庭，父母对他的生活照顾得无微不至。他还有什么不满意的呢？他为什么越来越不听话，越来越无情呢？我想问题就出在这对夫妇对孩子的教育上。

他们说完，我没有立即发表什么看法，而是向他们提出了两个看似无关的问题。我先问那位母亲：“请问，每天早上孩子起床后，都是你给他叠被子吗？”

“是的，都是我给他叠被子，收拾屋子。”母亲回答说。

“你的儿子已经15岁了，你没有想过让他自己叠被子吗？”我进一步问。

“没有。他从小没干过什么活儿，肯定也干不好。”

我又试着向那位父亲提出了一个问题：“请问，他经常向你要钱吗？”

“是呀。”父亲不假思索地说，“天天要。从小到大，他从来没缺过钱。”

“为什么这么惯着他花钱呢？”我不解地问。

“不都说富养的孩子，不容易有匮乏感嘛。我想，他要钱我们就给，他就不会因为为了得到某样东西而没钱，而想一些歪门邪道了。”

听完这对夫妇的回答，我笑着对他们说：“妈妈是孩子的保姆，爸爸是孩子的提款机。”这当然是跟他们说的玩笑话，但是孩子之所以变得这么不听话，这么无情，确实是这对夫妻自己造成的。

孩子从小就要风得风，要雨得雨，久而久之就会形成一种习惯。当有一天父母不能满足他的要求时，他便觉得父母亏欠了他。人性有善的一面，也有恶的一面。当孩子被娇惯成“小皇帝”，就会变得越来越难伺候。父母总是出于爱子之心，不忍心拒绝孩子的要求，千方百计地予以满足，唯恐落在他人之后。但人的欲望永无止境，以有限的精力、财力、时间去满足孩子无休止的欲望根本是不可能。况且，对孩子的需求全部予以满足，本身就是一种错误。所以，要想孩子将来“有情”，父母现在就应该多点“无情”。否则，遭殃的不仅是自己，毁掉的更是孩子。

人人唯恐避之不及的“小霸王”

作为父母，爱自己的孩子，关注自己的孩子，这都是人之常情。但是爱孩子、关注孩子都应该是有度的。父母的过度关注，不仅容易将孩子养成以自我为中心的“小皇帝”，还容易将孩子养成不受欢迎的“小霸王”。

有的父母总是太过于依着自己的孩子，只要看见孩子一哭闹，就无条件地满足孩子的要求，久而久之，孩子就会变得越来越霸道。

“小霸王”不仅容易养成挑食偏食、自私自利的毛病，而且做什么事情都以自我为中心，根本不顾及别人的感受。在与别的孩子产生矛盾时，即使自己是有错的一方，也总是一副盛气凌人的架势。

大宝6岁的时候，有一天下午太阳快要落山的时候，我带着他在小区的游乐场玩。游乐场的人很多，另外还有几只小狗在人群中窜来窜去。大宝从小就特别喜欢狗，每次看到狗都会不由自主地跑过去。很快，他就发现了一只小京巴，跟我说要过去跟小狗玩。身旁的一个大妈听见了，忙阻止道：“看好孩子，别让孩子过去。”

我以为大妈指的是狗危险，不应该让小孩子跟它玩。我认为那么小的小狗没有什么危险性，大宝有很多与小狗玩的经验，不会有什么问题的。于是我告诉大宝别靠小狗太近，别把小狗惹生气了。

大妈一看我误会了她的意思，赶紧说：“我说的不是小狗，是小狗旁边的那个小男孩。我观察好久了，那个小男孩特别霸道，总是把别的小朋友打哭。更让人生气的是他们家大人的态度，太惯着孩子了。”

与大妈对话的工夫，大宝已经走近了小狗。正要俯下身摸摸小狗的时候，站在他背后的那个小男孩伸手一推，大宝一下子就趴了下去，小狗狗躲闪不及，被大宝压住了尾巴，回头就要咬，我冲过去赶紧把大宝扶起来。要不是我及时赶到，小狗在情急之下，很有可能咬大宝一口。

还没等我开口，那个男孩却先开口了：“我跟小狗玩呢，谁让他过来的？”

大宝的小手都擦红了，我这个当妈的自然很心疼。

听这个孩子说话的语气，没有一丝歉意，我转头对他说道：“就算是你先跟这个小狗玩的，你不想让别的小朋友跟它玩，你可以说啊！小弟弟根本不知道这是你家的狗。”

“这狗不是我家的。”小男孩喊道。

正在这时，男孩的姥姥和妈妈围了过来，我给她们讲了整件事情的经过。

小男孩的妈妈走到“小霸王”的面前，大声训斥道：“谁让你欺负小弟弟的，他不懂事你还不懂事啊？”看得出来，小男孩并不惧怕妈妈。一听见妈妈训斥他，赶紧躲在姥姥身后，一言不发。

这时小男孩的姥姥赶紧把胳膊背到后面，护着自己的外孙，对小男孩的妈妈说：“你就别训他了，这不没什么事吗？小孩子不都这样吗？你推我，我推你的。”

我听了非常生气，如果我跟她们讲理，势必要引起一场口水大战。这位妈妈训斥自己的孩子，只是在人前做做样子，并没有真的要批评自己孩子的意思。这位姥姥就更不分青红皂白，只护着自己的外孙。于是我拍拍大宝身上的灰尘，若无其事地对她们说：“没事，摔了一跤而已，好在没摔坏。”

我牵着大宝的手从她们身边走过，经过小男孩身边时，小男孩以为我没看见，居然抬起了脚，做出要踢大宝的动作。

“你干什么呢？”我一声吼，小男孩赶紧把脚放了下去。没想到小男孩的姥姥居然说：“他不敢踢，就是吓唬吓唬。”

即使我脾气再好，也实在忍不住了，我对小男孩的姥姥说：“你这个外孙真要好好教育了，如果他一直这么霸道，总是欺负别的小朋友，谁还愿意和他玩呢？对孩子过分的宠爱只会滋长他的任性，这种没有原则的爱，不是爱，而是害。一个以自我为中心、行为鲁莽的孩子，谁会喜欢他呢？”

看我急了，小男孩的妈妈赶紧说：“对不起，对不起，是我们没管好孩子。您别生气了，回家我们一定好好管教他。”

“他做错了事，要让他承认自己的错误，让他学会道歉，而不是自己做错了事要你们去道歉，这样无限地纵容他，孩子怎么拥有明辨是非的能力？”其实，我的中心意思是小男孩应该为自己的行为负责，他错了就应该道歉，而不是家长代替孩子道歉。

往家走的路上，恰巧遇见在游乐场好心提醒我的那个大妈。大妈说刚才发生的事她都看见了，她经常在那片遛弯儿，这样的事都见过好几次了，那个小男孩是这一片有名的“小霸王”。不管小男孩犯了什么错，都不见他真心诚意地道歉。我一想也是啊，从头到尾，小男孩没有丝毫的悔意。

是谁让曾经天真无邪的孩子变成了不受欢迎的“小霸王”？不是别人，就是孩子的父母，甚至孩子的爷爷、奶奶、姥爷、姥姥。别以为孩子犯了错误，家长都能帮助他弥补过错。别以为你是他的保护神，你不能护着他一辈子。你在家里可以惯着他，走入社会可没有人惯着他。你还能帮他多久？你还能陪他走多远？

因而，作为父母，为了孩子的将来，一定不要太过溺爱自己的孩子，以防让孩子养成霸道的性格。一旦孩子养成了霸道行为，需要花很长的时间去改正。爱孩子一定要有度，当孩子做错事的时候，家长要摆正自己的态度，让孩子意识到自己的错误行为。切不可溺爱和纵容，让孩子成了人人唯恐避之不及的“小霸王”。

稀释“隔代亲”中爱的浓度

俗话说“隔代亲”，老人面对孩子会愈发地疼爱。通常是孩子要什么就给什么，只要孩子不哭不闹就行。过分地溺爱，使孩子产生错误的认知，认为自己是家庭的中心。如果他的要求得不到满足，就会生气发脾气。这样的孩子渐渐变得自私自利，不懂得感恩，没有同情心。

由于我和大宝爸爸工作的关系，大宝也曾有一段时间让奶奶领回老家带。送走的时候他只有2岁半，回来的时候已经3岁了。回来之后我们才发现，原本听话、健壮的孩子，身上添了不少坏毛病。

一是不好好吃饭，没送走之前，他的胃口是很好的，做什么都会吃得很香，当时还担心他将来会成为一个胖子。但是回来之后，非常挑食，蔬菜不吃，肉也不爱吃，就喜欢喝牛奶，不给牛奶就大哭。后来我了解到，由于奶奶疼孙子，每次都会去超市搬好几箱牛奶放在家里，孩子什么时候要就什么时候给。结果是孩子饿了就喝牛奶，吃饭根本不上桌子。都已经是3岁的孩子了，每天靠牛奶充饥，营养怎么跟得上？孩子的体质很弱，动不动就感冒发烧。

更让人生气的是奶奶经常让大宝喝那些碳酸饮料，我们跟孩子视频聊天的时候看见过几次，也曾跟孩子的奶奶提过，但是她总是说偶尔喝几次没事的。

结果，孩子回来的时候一口坏牙，经常疼得晚上睡不着觉。于是我们开始了漫长的补牙过程，费时费力又费钱不说，更重要的是孩子遭罪。至此，我暗下决心，再也不会让老人带孩子，无论如何都要想办法让孩子留在自己的身边。

当然，孩子奶奶也是出于一片好心。在她的观念里，牛奶是好东西，孩子愿意喝就喝吧；饮料也是好东西，有钱人家的孩子才能想喝就喝呢。

很多老人有过带孩子的经验，觉得自己是“过来人”，“吃过的盐比年轻人吃过的米都多”，于是，一旦犯了教育错误，不但不及时改正，还会用一大套的“过来人”的经验侃侃而谈。我的朋友小路就曾向我倒过这方面的苦水。

小路的儿子今年5岁了，平时她和老公都上班，儿子就由爷爷奶奶来照看。她觉得孩子的爷爷奶奶太宠爱孩子了，她都有点受不了了。

一个休息日，一家人逛超市，儿子看上了一架飞机模型。她一看标签，要400多块钱，立即阻止。再说，家里已经有两架飞机模型了。爷爷一看孙子喜欢，便将飞机模型拿进了购物车。任凭小路怎么说，爷爷就是坚持给孙子买。

出了超市，路过蛋糕店的时候，儿子又透过玻璃橱窗看上了一个生日蛋糕，非让奶奶给他买不可。小路阻止，又没有人过生日，买那么大的一个蛋糕干什么？如果想吃，买个小的就行了，大的吃不了，太浪费了。但是奶奶却说，就200来块钱，不贵，立即付钱买了那个蛋糕。

小路说，爷爷奶奶真是太惯着孩子了，孩子想要什么，他们就给他买什么。如果她和丈夫想要阻止，老人就会很生气，甚至会将他们数落一顿。为此，她非常苦恼。

老人和子女对孩子教育意见的不统一，遇到问题宽严不一、各执己见、当面争论、互相拆台等，都是教育的大忌。想要教育好孩子，全家的力量要形成合力，在教育孩子方面做到意见统一，做到有分寸地爱孩子，这样才能培养出一个好孩子。

如果自己能带孩子，尽量不要用外人，哪怕是孩子的爷爷奶奶、姥姥姥爷。我一直认为，孩子是父母生的，就应该父母带。

美国儿童心理学家本杰明·斯波克认为：即使年仅半岁的婴儿，也会因为照顾自己的父亲或母亲突然离去，而丧失对人、对物的兴趣，没有笑脸，不思饮食，精神上受到严重的压抑。儿童长大成人后，处世乐观还是悲观，待人热情还是冷漠，为人多信还是多疑，这在很大程度上取决于他们出生后头两年中主要负责照看他们的人的态度。

由此可见，父母离去将会给孩子造成多么大的心灵创伤。即使我们都很健康，不会突然离去，但是不陪伴、不照顾，对孩子来说也是一样的痛苦。

如果出于客观原因，必须要让老人带孩子，一定要做好准备工作，比如提前让孩子和爷爷奶奶或其他临时抚养人建立感情。要想办法尽量花更多的时间与孩子联络，比如经常给孩子打电话、视频聊天，定期去看孩子，让孩子感受到父母是爱他的，尽量减少孩子的失落感。

不管孩子在不在父母的身边，父母都是教育孩子的第一责任人。如果迫不得已需要老人带孩子，那么也顺便提醒一下老人。我们体谅他们爱孩子的心，但是需要注意教育孩子的方法。对孩子过分溺爱，容易让孩子养成很多不好的习惯。如果老人对孩子的爱太“浓”了，父母有责任加进去一些“水”进行稀释。

这里所说的“水”，指的就是给老人讲道理，告诉他们溺爱孩子的危害，让他们平日里少惯着孩子，不能由着孩子的性子行事。当然有的老人很固执，要想改变他们的观念很难。实在不行，就想办法把孩子接到身边吧，毕竟任何事业上的成功都比不上教育孩子的成功。孩子的坏习惯一旦形成，再改就难了。

父母不要和孩子过度亲密

在老师眼里，冰冰是个懂事、听话的好孩子。她学习成绩好，组织能力强，还多次被评为三好学生。可是，提起冰冰，冰冰的妈妈却直摇头。因为冰冰在家里经常会做出一些叫人无法理解的行为。

冰冰出生后，妈妈便辞去了工作，成了一位全职妈妈。为了这个家，冰冰的爸爸更努力工作了，甚至主动申请去别的城市工作，为的就是能多赚点钱。冰冰3岁之前，爸爸基本上都在外地，冰冰见爸爸的次数屈指可数。后来爸爸将工作调了回来，为了弥补之前没有陪伴冰冰的遗憾，特别宠溺冰冰，一有空就陪她玩。而妈妈由于没有了工作，每天只围着冰冰转，视野变小了，心也变小了，常因为一点小事发脾气。

冰冰还在上幼儿园的时候，有一天早上，妈妈正在厨房里做饭，让冰冰爸爸给冰冰穿衣服。冰冰很认真地对爸爸说："爸爸，我长大了要嫁给你。"爸爸妈妈听了，只是笑笑，也没放在心上，觉得这是小孩子天真的童言无忌。

冰冰的父母一致认为，两个人中必须有一个人唱黑脸，一个唱红脸。于是唱黑脸的工作就交给了冰冰妈妈，唱红脸的工作就交给了冰冰爸爸。每次冰冰犯了错误，妈妈都会严厉地批评她。但是冰冰总是在爸爸跟前撒娇，以逃避惩罚。

渐渐地，冰冰妈妈发现，冰冰和她越来越疏远了，有什么悄悄话也不和自己说，而是告诉爸爸，晚上也要和爸爸睡在一起。

开始的时候，这对夫妻并没有在意，认为这是孩子气的表现，长大了就懂事了。但是冰冰现在都上初一了，不但没有变得懂事，有些行为反而让人很吃惊。

有一次，冰冰犯了错，妈妈批评了她几句，她竟脱口而出："你有什么了不起，不就是比我个子高吗，还有哪儿比我强？"

夫妻在一起生活，鲜少有不吵架的。每当父母发生争执时，冰冰总是帮着爸爸一起攻击妈妈，跟着爸爸一起数落妈妈的不是。看妈妈难受的样子，她就一副幸灾乐祸的表情。

有一次，爸爸要出差一段时间。冰冰知道后，坚决不让爸爸出门。没办法，爸爸只好答应她不去了，等到她上学后，才偷偷地赶往机场。放学回家后，冰冰发现爸爸走了，就开始摔东西，硬说是妈妈让爸爸走的，甚至还说，要是没有妈妈，爸爸会过得更好，自己也会更幸福。

爸爸走后，无论妈妈怎样关心冰冰，她都冷冰冰的，不理不睬。只有爸爸给她打电话时，才又像变了一个人，立即神采飞扬起来，说出的话更是让人吃惊，说她多么想爸爸，她爱爸爸，爸爸不在家她觉得没意思，等等。

奥地利心理学家弗洛伊德发现，儿童的心理发展过程中普遍存在一种现象，不管男孩女孩，3岁之前跟母亲都特别的亲近。3岁左右开始则把较大一部分情感投向父亲或母亲的关系上，只不过男孩更爱母亲而排斥父亲，女孩则更爱父亲而排斥母亲，甚至要与母亲竞争而独占父亲，甚至将对母亲的爱又加进了恨的成分。

如果父母与子女关系过于亲密，尤其是独生子女，在家里本来就没有其他的玩伴，更容易出现恋母情结或恋父情结。在父亲忽视妻儿的情况下，有些男孩与母亲事实上成了感情上的“情人”。在母亲忽略丈夫和子女的情况下，有些女孩则越来越依恋父亲，甚至渴望替代母亲。

其实，男孩的恋母情结和女孩的恋父情结是性心理发展过程中一个特有的情感现象。但随着年龄增大，社会角色、性别角色明晰，这种倾向会逐渐消失。但是我们也发现，虽然到了一定的年龄，在有些孩子身上，这种情结仍然很严重。究其原因，这与父母的过度溺爱是分不开的。例如，有的男孩已经十几岁了，还无法改掉儿时的一些习惯，非得要母亲陪自己睡觉，总喜欢和母亲的身体亲密接触；而女孩则与父亲关系十分亲密，常常在父亲怀里撒娇，有心里话愿意同父亲说，甚至嫉妒母亲占有父亲的爱。

父母与孩子之间的爱，是基于血缘关系的一种特殊的爱，这种爱无法割舍，延续了两代人的一生。但亲子之爱也应该是有限度的，因为父母不可能与孩子生活一辈子，孩子最终都会从家庭走向社会，成为一个独立的人。

要想避免这方面的困扰，家长们可以试试下面的方法：

一是适时与孩子分床、分房睡。欧美不少国家的孩子在出生后就与父母分床而睡，到上幼儿园的时候就已经和父母分房睡了。而在我国，有的孩子都已经七八岁了还和父母在一间房或者一张床上睡，这不仅影响夫妻间的亲密，而且不利于孩子独立性的培养。

二是制造与孩子适度分离的机会。有的父母，出于对孩子的爱，一刻也不想与孩子分离。要知道真正的母爱，是逐渐分离的过程。因此，作为父母要努力创造机会，适当与孩子分开一段时间，让孩子有单独生活的体会。当然，分离时间的长短，要看孩子的年龄和性格。

三是有意识地进行性教育。与孩子谈性，父母们总是觉得难以启齿。随着孩子的成长，让孩子明白“男女有别”是必要的，让孩子从依恋父亲（母亲）中解脱出来。

另外，平日里要注意，让孩子从小得到相等的父爱和母爱，这样孩子的感情天平才不会倾斜。

爱不可溺：走出溺爱寻“智爱”

在古代，有一位盖世英雄，他的敌人用尽了各种方法都无法将他打败。最后他的敌人向撒旦求教：“我用尽了世界上各种恶毒的方法、卑鄙的手段，都不能动他一根毫毛。到底我怎么才能打败他？”撒旦笑着说：“我现在就教你一个方法，保证你能彻底打败他——满足他（英雄）的一切要求。”

果然，英雄所有的需求被满足后，意志越来越消沉，整日里沉迷于酒色，身体越来越羸弱，身边的文臣武将越来越失望，纷纷离他而去。几年以后，敌人便轻而易举地杀死了他。

所以说，要想害一个人，并不一定要对他不好，拼命地对他好也是可以将对方置于死地的。教育孩子也是这样，对孩子太过溺爱，实际上是在害孩子。

首先，溺爱会让孩子对正确的价值观失去判断。其次，不利于孩子身心成长。在溺爱中长大的孩子，无论是心智还是自我保护能力，都要比其他孩子弱。

成功的教育也包括要让孩子意识到来自父母的爱，然后乐意接受父母的教育。但是父母爱孩子的方式如果发生了偏差，过分溺爱孩子，把孩子置于绝对舒适的环境中，只能让孩子变得越来越脆弱，反而毁了孩子的一生。

既然爱不可溺，那就要走出溺爱寻找“智爱”。

这里所说的“智爱”，指的是理智的爱。也就是说，父母在爱孩子的过程中，要能自觉地控制自己的感情，克制那些无益的激情和冲动。苏联著名教育家马卡连柯的《父母必读》一书中有这样一段话：“子女固然由于父母方面爱得不足而感受痛苦，可是，他们也会由于那种过分洋溢的伟大的感觉而腐化堕落。理智应当成为家庭教育中常备的节制器，否则孩子们就要在父母最好的动机下养成最坏的特点和行为了。”

反复阅读这段话，就能理解大教育家的意旨所在——爱孩子应该有理智。然而，有些父母尤其是那些年轻的父母，在爱孩子方面，往往缺乏应有的理智。对待自己的孩子往往是无原则的，过分地溺爱。即使孩子有错，也一味地姑息迁就，任其发展。有的父母只知道想方设法满足孩子的物质需求，却不懂得给孩子良好的精神给养，这样的父母是愚蠢的。

溺爱所关注的并不是孩子的心，而是一些肤浅、表面的东西。孩子喜欢吃什么，就给孩子买什么；怕孩子摔倒了，就不让孩子去室外活动；很短的路程，走着也没几分钟，怕孩子太累，一定要坐车。这都是父母对孩子肤浅的爱的表现形式。

爱孩子不仅要关注孩子的物质需要，更应该关注孩子的精神世界。平日里与孩子的家长聊天，很多家长都向我诉苦。自己那么爱孩子，给了孩子那么多，可是到头来，孩子不但越来越不懂事，甚至还顶撞父母。这是为什么呢？

如果深挖他们与孩子相处的细节，我就会发现，这些父母给孩子的爱通常是盲目的、单方面的，他们只知道照顾好自己的孩子，却不关注孩子的内心世界。不理解孩子最需要的是什么样的爱。

智爱与溺爱的区别是：前者是全面的爱，注重关注孩子的心灵，而溺爱则是片面的爱，只关注孩子的表面需要。理智的爱，因为尊重而产生。只要父母能将孩子视为独立的个体，给这个生命以最大的尊重，就能让孩子因自尊而产生内部动力，得到主动的发展，成为一个坚强独立的孩子。

第2章

过度保护
——其实是卸掉孩子身上的“盔甲”

父母过度保护孩子，
其实是在卸掉孩子身上的“盔甲”，
孩子原本的能力，
都因为父母保护过度丢失了。
孩子在成长的过程中，
必须要经历一些磨难，才能强大起来。

人性的教育在于引导孩子去意识、去思考、去表现。

——福禄贝尔

有一种冷叫“你妈觉得你冷”

有一天晚上，大宝笑嘻嘻地跑到我跟前，对我说：“妈妈，今天我同桌给我讲了个笑话，你想听吗？”

“当然想听了，你讲吧。”我放下手中的书，对他说。

“有一天早上，家长们送孩子上学。这些小学生有的穿长袖夹克，有的穿长款风衣，其中有一个小女孩特别奇怪，她居然穿着羽绒服！她的同学就问她，天有这么冷吗。只见她望着天空，慢悠悠地说：‘有一种冷，叫你妈觉得你冷。’哈哈——哈哈——”

我也跟着他笑，然后问他：“儿子，为什么给妈妈讲这个故事啊？”

“我觉得很有意思啊，你们大人不就是这样吗？”

“哦？妈妈可没总让你多穿衣服。”我反驳道。

“但是奶奶总让我多穿衣服啊。她自己冷，就觉得我冷，总是让我‘多穿点儿’‘多穿点儿’。”

“奶奶也不总在咱们家，你稍微体谅一下她。”

“妈妈你还好，就是吃饭的时候太啰唆，总说这个有营养让我多吃点儿，那个有营养让我多吃点儿。有些菜我真的不爱吃。”大宝说完嘟起小嘴。

“你们小孩子挑食对身体不好，你看我们大人就不挑食，做什么都吃。”我想改变他的观念，于是对他说。

“你们大人买的都是自己爱吃的，当然做什么吃什么了。其实，你们大人也挑食，你不是就不爱吃茄子吗？学校做的酱茄子，我觉得很好吃啊，但是咱们家从来不做。”

他的这番话，居然让我无言以对。仔细想想，还真有这样的问题。

现实生活中，很多父母总是喜欢按照自己的想法行事，只要认为是对孩子好，就让孩子按照自己的意思去做。

就拿穿衣服来说，很多父母觉得孩子小、身子弱，怕孩子着凉，总觉得给孩子穿得越多越安全。尤其天气稍微变凉，或者感冒发烧之后，总是给孩子穿得里三层外三层的。其实任何事情都是过犹不及，给孩子穿衣服太多，反而会起到相反的效果。

孩子总是喜欢动，本身就能产生很多的热量。若穿得太多，就更容易出汗了，出汗后，被冷风一吹，反而更容易受凉。孩子被层层包裹，活动起来受限，运动能力受到很大的限制，容易导致运动迟缓，影响孩子成长。

如果孩子太小，穿得太多的话，还容易引发湿疹、脓疱疹等皮肤病。

一般来说，孩子的新陈代谢旺盛，怕热不怕冷，而且他们经常处于活跃状态，所以衣服不宜多穿。

其实，3岁以上的孩子，都会自己表达冷暖，自己知道饱饿。只要孩子不觉得冷，就没必要让孩子多穿。只要孩子没喊饿，就没必要逼着孩子进食。

有的父母可能会说了，孩子根本不愿意表达自己的真实需求，经常是你让他穿什么他就穿什么，你让他吃什么他就吃什么。其实，这是在父母的权威之下，孩子长期没有话语权的结果。如果家庭话语权一直在父母手中，那么父母与孩子的关系天平就会失衡。这样的“乖孩子”，表面上看没有什么问题，但是孩子在吃饭、穿衣这些小事情上都不能表达自己的真实需求，内心其实是压抑的。

当然，与这些“乖孩子”相反，有的孩子非常任性，拒绝穿衣、拒绝吃饭。这个时候需要父母进行引导，但是切勿强硬对待。

如果孩子不肯穿衣服，切勿强硬地说“我让你穿你就穿，废什么话啊”，这容易让孩子产生抵触情绪，更不会好好穿衣服。这时父母可以对孩子说：“天气预报说今天会降温，出去玩会冷，妈妈给你加件衣服，这样你就可以出去玩了。”我想这样引导，孩子是不会拒绝的。

提到孩子的吃饭问题，很多父母就开始头疼了。现在的孩子普遍都挑食，于是经常出现孩子在前面跑，妈妈在后面追着喂的场面。孩子之所以挑食，原因是多方面的。

有的孩子挑食，其实都是跟大人学的。有的父母对某种食物特别偏爱，久而久之，孩子就跟着一起偏爱这种食物。父母对某种食物特别厌恶，整天念叨不好吃，孩子肯定也没有尝试的兴趣。再一个就是溺爱的结果。父母处处顺着孩子，孩子想吃甜食就多给甜食，喜欢吃肉就多做肉菜，时间长了，肯定会挑食的。

如果孩子挑食并不严重，慢慢引导就行，千万不可逼迫。

大宝从小不太喜欢吃蔬菜，这可能跟我的饮食习惯有关。但是我很清楚，蔬菜对一个人的健康是至关重要的。因而，在自己有意识地多进食蔬菜的同时，也注意引导大宝多吃蔬菜。

如果大宝不喜欢吃某个菜，我经常会对他说：“你需要把每个菜都尝三口，假如真的不喜欢的，就可以不吃了。”

如果孩子确实不喜欢吃某一食物，千万不要强逼孩子吃使他作呕。天下的食物这么多，何必一定要在一种食物上纠结。缺乏这种食物所蕴含的营养，一定可以从另一种食物上补回来。

大家可能都有这样的体验，别人越是逼迫，我们越是反感。其实小孩子也是这样的，你越逼迫他穿衣服、吃饭，他反而越容易和你对着干。很多厌食的孩子，都是父母逼出来的。如果逼到他呕吐了，这种不愉快的体验他会记很久，一看到这种食物就会想起曾经的不愉快。从而，拒绝吃这种食物。

其实，孩子从3岁开始，随着身体的发育，大小肌肉群的逐步成熟，心理能力的不断提高，已经可以在父母的帮助下，逐步学会自己吃饭，自己穿衣，自己睡觉，自己收拾玩具等良好习惯了，并逐渐树立了独立意识。他要是做得不好，父母可以引导，但是千万不能逼迫。

凡事大包大揽，不如适当偷懒

许多家长对孩子的一切都大包大揽。饭不用孩子自己盛，生怕烫着；苹果不用孩子自己削，生怕伤着；路不让孩子多走，生怕累着……过度保护不是真爱孩子，而是打着爱的旗号的控制和包办。过度保护实际上是在暗示孩子，你什么都不能做，久而久之，孩子也就真的什么都不能做了。

朋友家的孩子一鸣是家里的独子，一出生便受到全家人的特殊优待。家里人一直拿他当宝，饿了赶紧端饭，渴了赶紧递水。铅笔、笔记本用没了，也是妈妈亲自去买。都10多岁了，还让妈妈帮着穿衣服。衣服脏了，当然也是妈妈的事，连一双袜子都没洗过，当然妈妈也从来不给他这样的机会。有一次，他把自己的脏衣服泡进了盆里，刚要动手洗，妈妈赶紧跑过来制止，说这些活儿不用他干，只要他好好学习就行了，再说他也洗不干净。从此以后，一鸣再也没有尝试去洗东西。他习惯了衣来伸手，饭来张口，有妈妈保护的生活。待到高中住校时，他痛苦不已，没有了妈妈这顶“保护伞”，他觉得自己很无助。

高中生活开始不久，一鸣就遇到了一系列的困难：他不会去食堂买饭，他不会洗衣服，和宿舍同学相处得也非常糟糕。

没过几个星期，他就从学校跑回了家，跟妈妈说他不想上学了，哭得鼻涕一把泪一把的。妈妈看了既心疼，又着急。

有些父母就像一鸣的妈妈一样，总是“心太软”，对孩子进行“全方位”的照顾，将孩子养成温室里的花朵。一旦离开家这个“温室”，就适应不了外面的环境了。

父母凡事大包大揽，孩子缺少动手能力，过分依赖父母，很难有独立意识，当他离开父母后，通常会感到手足无措，缺乏主见，性格懦弱，不敢自己做判断，会直接影响他的生活和学习。

在孩子的成长之路上，父母可以指引他、可以帮助他解决一些问题，但是绝对不可以代替他。否则，孩子会越来越懒惰，甚至连思考这件事，慢慢都省了，这样的孩子走上社会，怎么与那些从小就独立自主的孩子比拼？

所以说，父母凡事大包大揽，不如适当偷懒。当然偷懒并不是凡事不管，而是讲点偷懒的艺术，激发孩子的潜能，培养孩子的自理能力。

我有一个朋友，她的孩子不到2岁就已经会使用筷子了。当她领着孩子来我家吃饭，孩子用筷子夹面条的举动着实让我吃了一惊。我问她这么小的孩子是怎么做到的，她告诉我，她比较“懒”，孩子过了1岁就不再喂饭，而是让他自己吃，孩子就学会了使用筷子。

相反，我的外甥3岁了，连勺子都不会使。在幼儿园里，别的小朋友都自己吃饭，他总是抱着饭碗让老师喂。老师不止一次地对他妈妈说，孩子的自理能力太差了。

我国教育家陈鹤琴先生说过：“凡是孩子自己能做的事，让他自己去做。”因为孩子的人生毕竟是孩子的，父母不可能代替孩子成长。

研究发现，5岁以内的孩子需要大量的触觉训练，如果不让孩子做力所能及的事，始终不给他们独立的机会，孩子有可能失去做事的兴趣和愿望。

有的孩子玩完玩具，从来不知道收拾，因为父母肯定会在第一时间帮他收拾的。其实，在收拾玩具方面，父母可以“偷懒”。在孩子很小的时候，父母就应该试着让孩子自己收拾玩具。如果孩子不愿意收拾，可以引导他把收拾玩具作为游戏的一部分，使孩子逐渐学会应该为自己的行为负责。

有的孩子在家里从来不做家务，养成了油瓶倒了都不知道扶的习惯。其实，孩子稍大一点，父母可以试着让孩子做一些家务，例如，让他扫扫地，刷刷碗。一开始，地可能扫不干净，碗可能刷不干净，但是也应该给予鼓励。重要的是使孩子明白自己是家庭中的一员，培养他的责任感，以及生活自理的能力。同时，也可以增强他的自信心。

美国心理学家戴尔说："孩子需要一定的空间去成长，去试验自己的能力，去学会如何应对危险的局势。不要为孩子做任何他自己能做的事。如果我们过多地做了，就剥夺了孩子发展自己能力的机会，也剥夺了他的自立及信心。"

儿童心理学研究表明，孩子其实是喜欢做事情的。孩子很小的时候，都有一种"逞强"精神，他们喜欢说"我能""我自己来"。父母应该顺应孩子的这种天性，让孩子大胆去做自己感兴趣的事情。这不仅对培养孩子的自理能力很重要，对培养他们的意志力和责任感也同样重要，使孩子学会对自己的生活和行为负责。

这样，不仅可以培养孩子克服困难、迎接人生各种挑战的心理素质和行为能力，而且还可以给孩子锻炼的机会，能让孩子变得更独立、自主、自强。当然，"偷懒"绝不是放任自流，而是在了解孩子的能力范围，尊重他情感的基础上，让孩子做些力所能及的事。

没摔坏就让他自己爬起来

面对蹒跚学步的孩子，中西方的教育方式也有很大的差异。在中国，孩子一旦摔倒了，大多数父母会赶紧过去把孩子扶起来，而西方父母则是让孩子自己爬起来。这难道说明中国父母比西方父母更爱自己的孩子吗？当然不是，父母爱孩子的心都是一样的，只是表达爱的方式不同，教育出来的孩子也就大不一样。

一般来说，西方父母教育出来的孩子更勇敢、更独立一些，这是值得我们学习的地方；而中国父母教育出的孩子依赖性更强一些，这是我们要特别注意的地方。

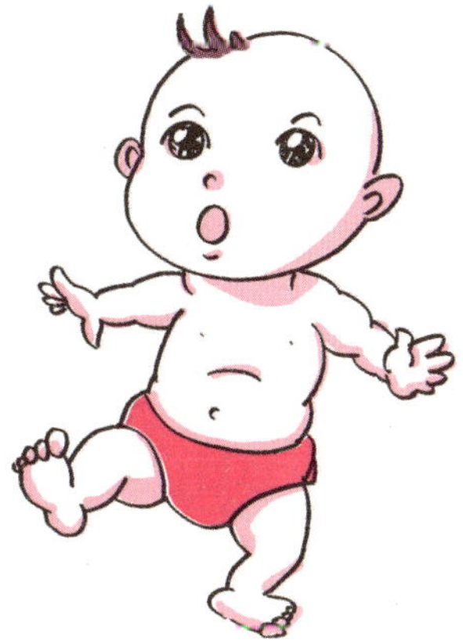

就拿我朋友家的孩子小金宝来说吧，他可是全家的宝贝疙瘩。他的父母学业有成、事业有成后才生了他。自从他出生后，爷爷奶奶就搬了过来，好在他们家的屋子够大，人多也能住得开。四个大人围着一个孩子转，发生在他身上的任何风吹草动，都牵动着几个大人的心，每个“第一次”都成了家里最重要的事。

小金宝第一次学走路的时候，全家出动。爷爷在左边保驾，奶奶在右边护航，妈妈在前面逗引，爸爸在后面断后。

小金宝微笑着迈出了自己人生的第一步，全家欢呼起来。紧接着小金宝又迈出了第二步，第三步……走了七八步后，小金宝一个没站稳，摔倒了。大人们冲了过去，都伸手去扶。就这样，每次小金宝摔倒，大家都很紧张，争先恐后抢着去扶。结果，每次小金宝摔倒，都会趴在地上等大人去扶，大人不扶他就不起来，扶晚了就开始大哭，即使到五六岁了依然如此。

孩子摔倒了到底该不该扶？其实，大人应该根据情况做出反应。如果摔得不重，就不要去扶，让孩子自己爬起来，这样既锻炼了他的自立能力，又锻炼了他坚强的性格；如果摔得很重，再不去扶就太不近人情了，要赶紧去把孩子扶起来，说一些安慰的话。

父母保护孩子的心是可以理解的，但是也应该有一个清醒的认识，自己不可能一辈子保护孩子，孩子最终要融入社会。因而，父母应注意自己的教育方式，要从小就开始培养孩子坚强的性格。因此，孩子摔倒了不要过于心疼，谁在人生路上没摔过几个跟头呢？从另一个方面来看，这对孩子也是一种锻炼，让他明白不好好走路就会摔倒，摔倒了未必有人会扶他，重要的是摔倒了要有爬起来的勇气。这些微不足道的小事，其实正是培养孩子坚强性格的最好契机。

要是有人打你，学会保护自己

仔细观察我们就会发现，小孩的世界跟大人世界的规则极其的相似。在一群孩子当中，总会有那么一个人充当领导者。比如，玩什么游戏，充当领导者的孩子会制定规则，分伙伴，决定让谁加入，不让谁加入，而其他的孩子总是愿意追随他，听从他的指挥。这样的孩子是具有领导才能的，但是也往往充当制裁者的角色。

在一群孩子当中，也总会有那么一个两个孩子充当着被欺负的角色。严重一点的话，这样的孩子经常被欺负、被训斥。轻一点的话，总是被小伙伴们孤立，玩什么游戏都不喜欢带他。

想知道自己的孩子是不是被欺负，方法其实很简单，就是平时要注意多观察，如果孩子从学校回来，总是带着委屈的表情，如果经常跟你说谁谁谁又欺负他了，这个时候家长一定要进行观察，找到出现这种情况的根源，找到解决问题的最佳途径，而不是简单的几句安慰，或者不分青红皂白地一通训斥。

遗憾的是很多家长不知道反思，为什么受欺负的总是自己的孩子。其实，孩子总受欺负，与家长的过度保护有很大的关系。父母太过保护自己的孩子，无形中让孩子形成了懦弱的性格。

被欺负容易形成一种惯性，本来是无意中一次被欺负，没及时地反抗，就会更加被欺负。被欺负还具有传染性，本来是一对一模式，但由于被欺负者太过懦弱，其他的孩子看见了，也会加入制裁者的行列。

可以想象，一个孩子长期受欺负，心理怎么会健康？因而，我们做父母的，不管工作有多忙，都要关注孩子的内心世界，不要让他总是在委屈中度日。有的家长可能会认为，孩子嘛，就应该经受点挫折，这样孩子更皮实，将来抗挫折的能力就更强。这样说也是有一定道理的，懂得让孩子受点苦遭点罪的家长还是值得表扬的。但是，提高孩子的抗挫折能力，并不等同于让孩子长期受欺负。小孩子心智还不成熟，在我们看来都算不上委屈的委屈，在他们看来也许就是天大的委屈。

所以，父母们平日里不要过度保护自己的孩子，要有意识地让孩子“硬气”起来。父母们要明白一个道理，自己不能时时刻刻保护孩子，重要的是要让孩子学会自我保护。

要知道，在人生这趟列车上，我们总是要比孩子提前下车，这是我们不能改变的事实，但是我们能改变的是在下车之前，教给他们拥有保护自己的能力，让他在自己的人生中少受点欺负。

世界不可怕，陌生人不全是“大灰狼”

孩子成长的路上，需要得到鼓励，需要积极的阳光。若是父母总是向孩子灌输一些负能量，孩子的内心必然阳光不起来，自我实现的需要也难以满足。

心理学研究表明，需要是激励人们行为的直接原因和动力。人没有了需要，人的生命便会自行枯萎。人的需要分为不同的层次，从生理的需要到安全的需要，从社交的需要到尊重的需要，而自我实现的需要则居于最高层次。

大人们都比较重视自我实现的需要，并能充分领会到自我实现的需要对于人生的意义。但是有时却对孩子的自我实现的需要设置障碍。

有些父母固执地认为，这个世界充满了危险，随时都可能发生意外。为了防止孩子遭遇意外，最好的办法就是将孩子保护起来，让他们远离一切能想象得到的或可能存在的潜在威胁。殊不知，这种做法，恰恰限制了孩子自我实现的需要。

有些父母出于保护孩子的心理，总是过度紧张，以消极的眼光看待周围的一切，告诉孩子时刻要提防这个世界。怕孩子出意外，即使在孩子的安全探索范围内也设置障碍。父母常常会对孩子说“别跑，会摔跤的”“别乱动，小心扎到手”“我来拿吧，你会打坏的”“我来叠被子，你叠不好”“不要和陌生人说话”等。父母这样说都是出于担心，是想保护自己的孩子。但是，这样的保护真的好吗？真的有利于孩子的成长吗？

丽丽已经参加工作了，每天下班后她就宅在家里，也没有什么朋友，倍感孤独。父母从小就很保护她，总是担心她会出意外。从她记事起，她的父母就不断地向她灌输“社会危险论”“陌生人是‘大灰狼’论”。丽丽小的时候，父母一定要保证她在他们的视线之内。父母从来不让她独自出门，即使就在楼下跟小朋友玩一会儿都不行。她都上高中了，父母还送她上学，接她放学，同学知道了，总是偷偷嘲笑她。她也曾向父母提出来想自己上学，父母一听就紧张了起来，做这么“危险”的事情怎么可以？万一被车子碰到了怎么办？万一遇到坏人怎么办？父母的一番理论，打消了丽丽想独自上学的念头。

丽丽考上大学后，去了另一个城市，终于可以摆脱父母的“保护”了，忍不住窃喜，但是很快这种喜悦就被恐惧代替了。原来，父母向她灌输的“社会危险论”“陌生人‘大灰狼’论”已经深入她的内心，她不敢一个人待在宿舍，她也不敢一个人去逛街，她更不敢与陌生人对话。她怕黑，怕小动物，更怕人。

丽丽这些异于常人的行为，都是父母保护过度的结果。就拿孩子上学放学这件事来说吧，当孩子足够大了，完全可以让孩子自己上学放学。如果害怕孩子被车子撞到，就花点时间告诉孩子：走路要走人行道，过马路要看红绿灯，过马路一定要走斑马线。怕孩子放学的路上遇见坏人，就告诉孩子：如果有同路的同学，就跟同学一起走；如果没有同路的同学，就随着人流正常走；如果陌生人过来搭讪，不要逗留。不管陌生人提出什么样的理由，都不要跟陌生人走就是了。

授人以鱼不如授人以渔，保护孩子最重要的是告诉孩子自我保护的方法，而不是父母总是亲力亲为。

然而很多父母完全不懂得帮助孩子分析风险，把让孩子独自上学看作穿越火线，把让孩子独自出去玩看作危机重重。在这些父母眼中，一点点的风险，都有可能酿成天大的祸患。他们根本没有想过，任何人的成长之路都不会是一帆风顺的，有些锻炼是必需的，越早锻炼，越能早些适应这个社会。

培养孩子的安全意识，给孩子灌输积极的思想，让他们热情地拥抱这个世界，才是我们父母应该做的。从安全的方面考虑，不要轻易给陌生人开门，不要轻易和陌生人说话，这都是对的，但是将陌生人等同于“大灰狼”就太过绝对了。

这个世界很大，对于一个人来说，熟人就那么几个。随着年龄的增长，交际范围不断扩大，认识一些陌生人是必然的。聪明的家长应该教孩子如何与陌生人相处，如何辨别陌生人中的“大灰狼”，而不是将陌生人一概否定。否则在孩子的意识里就会形成陌生人都是坏人的观念，这无形中对他以后的人际交往设置了障碍。孩子从来没有过与陌生人接触的机会，缺少与陌生人打交道的经验，一旦遇到紧急情况，必然不知道如何处理，反而会更加的危险。

放手，相信孩子的自我保护能力

在孩子的吃喝拉撒睡方面，父母总是参与太多。其实完全没有必要，从生命自身的发展规律来说，孩子本身具有很强的自我保护能力，饿了自然知道吃，渴了自然知道喝，冷了他们自然知道穿。但是有些父母，总是管得太多。

明明孩子不饿，却追着孩子喂饭；明明孩子不渴，却一遍遍催孩子喝水；明明孩子不冷，一个劲儿地给孩子加衣服。这样做，不仅给自己增加麻烦，而且降低了孩子的自我保护能力。

除了吃喝拉撒睡，最让父母牵肠挂肚的可能就是孩子的安全问题了。现在的孩子，大多数都是家里的“独苗”。因而，在孩子的安全方面，父母特别重视。再加上经常会在网上、电视里看到这样的新闻，如“孩子被父母锁在车里，因高温致死”，“奶奶出门买菜，3岁孙女不幸从10楼阳台坠落”，“小女孩在马路边玩球，不幸被轿车撞飞”等，这些报道加剧了父母们的紧张心理。

事实上，意外总是小概率事件，有些意外根本防不胜防。时时刻刻像个保镖一样保护孩子，不如相信孩子的自我保护能力。如果孩子做得不够好，不妨早点教教孩子如何保护自己，而不是整天让他们生活在大人的庇护之下，逐渐失去自我保护的能力。

大宝从小就是个淘气的孩子，整天跳上跳下的。但是我和爱人从来不过分限制他，我们相信他不会做出太出格的事。当大宝想从凳子上往下跳的时候，孩子奶奶总是过分紧张，边数落着孩子边把孩子从凳子上抱下来。每当这个时候，我总是会对婆婆说，不用管他，他心里有分寸，如果觉得太高，他会被摔疼，他也不会往下跳的。再说了，跳跃本身也是一种锻炼，可以锻炼孩子的身体，还可以锻炼孩子的反应能力，为什么要阻止呢？

大宝5岁的时候，有一天，他跑来和我商量，想要一个人到楼门口玩。当时我是有些犹豫的，虽然我很清楚这对于培养孩子的独立性很重要，但是仍然担心他。我有心不同意，但是看到孩子渴望的脸，一咬牙同意了他的要求，其实，我也想借此了解一下他的自我保护能力。

我们当时住的是一楼，从窗户就能看到外面的情形。大宝出去后，来到窗户边对我招招手，然后用铲子在楼前的空地上挖起了沙子。不一会儿，一位妈妈领着一个两三岁的男孩走了过来，大宝很友好地与小弟弟一起玩。小弟弟走后，大宝继续一个人挖沙子。玩着玩着，来了一只小狗，围着大宝转，我正要出去把狗赶走，大宝已经跑了回来，他说他怕狗咬他。遇到紧急情况，他能迅速做出应对反应，我很欣慰。

大宝上三年级后，跟我说他想一个人上学。我们家离学校不远，小区与学校之间只隔一条马路。像大宝这么大的孩子，我认为独自上学完全是没有问题的。但是，由于现在车多人多，总是不太放心。

大宝背着书包出门后，我悄悄地跟在他后面，发现他并不像我想象的那么莽撞。过小区横路的时候，他会先左右看看有没有车，有车他就等一下再过，没车就快步走过。当然，平时在这方面我也没少教育他，但是每次领着他走的时候，好像他都毫不在意，有大人在，他是不用想太多的。也只有真正靠自己一个人的时候，才能看出平时教育的效果。

跟踪了几回，我发现自己远远低估了孩子的能力，其实，他完全可以自己上学放学了。从那以后，我再也没有接送他放学上学。

当然，安全教育方面我对大宝一直没有放松，大宝在实践与锻炼中，防范意识得到了加强。与同龄的孩子相比较，大宝的独立性明显要强很多。上四年级后，他已经能够独自看电影、订饭店，甚至乘车去奶奶家了。

父母爱自己的孩子，始终把孩子的吃喝拉撒、安全问题挂在心头，这都是情有可原的。但是，父母也要学会适当地放手，不能一天到晚紧张兮兮的，更不能始终充当孩子的“保护伞”。把该教给孩子的东西早点教给孩子，然后让孩子去实践，相信孩子的自我保护能力，才是明智的父母最该做的。

孩子再小，也是一个独立的个体，不可能永远生活在父母的羽翼庇护之下，父母可以保护他一时，难以保护他一世。对孩子最好的保护，就是让他去实践那些家长灌输给他的道理。

再者说，孩子原本就具有很强的自我保护能力，所以，如果想让孩子健康成长，父母不要管得太多，把孩子拴得太紧。把该说的说清楚，激发孩子体内的自我保护能力，才是睿智父母应该做的。

再爱孩子，也不能包庇他的过错

孩子或因为自制力弱，或因为年幼无知，或因为其他原因，常常会犯错。孩子犯了错，父母应该怎么做？这是父母们应该思考的问题。

有些父母，真是太爱自己的孩子了，怎么看怎么顺眼，孩子做什么都觉得可爱。父母爱自己的孩子是人之常情，但是，爱孩子爱到对孩子的过错视而不见，那可就说不过去了。

孩子总会长大，总有父母庇护不到的时候。如果孩子小时候犯的错，父母不能够给予及时的纠正，等到他走上社会的那一天，没有了父母的庇护，他再犯同样的错，就不会再有人惯着他了，受教训是早晚的事。

在我住的小区的广场上，我曾听到过一对母子如下对话。

妈妈："儿子，今天在幼儿园有人欺负你吗？"

孩子："妈妈，在幼儿园，有个小朋友打我了。"

妈妈："什么？怎么不早告诉妈妈？打你哪了？疼不疼？"

孩子："不疼！"

妈妈："那你为什么不打他呢？"

孩子："因为是我先把他推倒的，是我不对。他站起来的时候打了我一拳。老师批评了我们。"

妈妈："你挨了打，老师还批评你？告诉妈妈是哪个同学，明天上学的时候妈妈好好说说他。"

孩子："妈妈还是别去了……"

妈妈：“这事你别管了，你记住，只要有妈妈在，谁也不能欺负你。”

听了这对母子的对话，我深深地为这个孩子的未来担忧。目前来看，这是一个好孩子，当妈妈询问他在幼儿园的情况时，他能如实地说是自己先动手的，是自己不对。当妈妈想找幼儿园的小朋友算账的时候，他是想反驳的。

诚实，懂得反思，这是多么难能可贵的品质和能力。然而，这位妈妈的做法太让人失望了。她对自己的孩子所犯的错误视而不见，只想着自己的孩子挨打了，要找另一个小朋友算账。这种不分青红皂白为孩子撑腰的方式，必然是教育不好孩子的。

生活中就是有这样的父母，他们很清楚自己的孩子所犯的错。但是，就是舍不得严加管教自己的孩子，更容不得孩子受一点点委屈。这类父母实际上充当了孩子犯错的保护伞，是孩子成长过程中所遭遇的一种“宠杀”。

仔细观察你会发现，生活中还有这样的父母，自己的孩子犯了错，不但自己不教育，还不允许别人指出来。一旦有人指出来，他们会立马不高兴，能找得到借口就为孩子辩解几句，实在找不到借口，就会把脸一沉，大声训斥孩子，以此向“告状者”示威。

大姐家住在一个大杂院里，在这个院子里有个叫小军的孩子，谁提起他都直摇头。

每天都有孩子向小军妈妈告状，说小军又怎么欺负他们了。每次小军的妈妈都想方设法从这些孩子的叙述中找到突破口，说明这些孩子被欺负也不能完全怪小军。实在找不到理由，就大声训斥小军。孩子们都很聪明，看出她只是虚张声势，根本不想真的管教小军。

有的孩子很“执着”，小军妈妈不管教小军他们就不肯走。每当这个时候，小军妈妈就会一把将小军拉进屋里，然后“哐啷”一下关上门，然后向小军使个眼色。小军心领神会，一下子趴在床上。然后，小军妈妈拿起鸡毛掸子，一边抽打着枕头，一边念叨着：“我看你还欺负不欺负别人，跟你说过多少次了，别招惹他们，他们哪一个是省油的灯？你就是不听，看我打不打你！”随着鸡毛掸子落枕头的声音，小军不断配合着惨叫声。

结果，在妈妈的袒护之下，小军越来越喜欢欺负小伙伴。

从这个案例我们可以看出，正是因为小军妈妈的袒护，导致了小军在欺负小伙伴方面一点都不知道收敛。孩子犯了错打枕头，亏小军妈妈想得出来。

我们再分析分析小军妈妈说的话，听上去好像是在训斥小军，但是这句“他们哪一个是省油的灯”则是她整段话的中心句，成功地将小军的错误引到别的孩子身上。言下之意，正因为这些孩子都不是省油的灯，才发生这样的事，怪不得小军。

当然，我这么分析，并不是赞同孩子犯了错，父母就应该打孩子。不管孩子犯了什么错，以打骂的方式管教都是欠妥的。但是，孩子犯了错，该批评的时候还是要批评的。父母一味地袒护，孩子就很难意识到自己所犯的错误有多严重，会在犯错的路上越走越远，最终难免会栽大跟头。

当然，孩子不犯错是不可能的，每个孩子都是在不断犯错、不断改正的过程中成长起来的。但是，对孩子的过错不予正视，漠然处之，就等于默许孩子可以这样做。如果父母的袒护和有意掩饰被孩子觉察到，孩子会有恃无恐，犯更大的错。

所以，孩子犯了错，如果父母发现了，就要立即指出来，帮助孩子找出错误的根源，通过说服教育让孩子认识到自己的错误，以防下次再犯。如果父母不采取任何措施，孩子就认识不到自己的错误，缺点也就不能克服，再犯错的可能性就很大。当然，在批评教育的时候，要注意方式方法，不能犯扩大化和反复批评的错误。

为父母者，没有不爱自己孩子的。但是爱不仅仅体现在关心孩子、爱护孩子上。在孩子犯错的时候，能够晓之以理，让孩子明辨是非，使他的人生道路更加顺畅，这也是一种爱。孩子犯错以后，不遮丑，不护短，不包庇，是爱孩子的父母该有的表现。

第3章

控制欲强
——孩子成为父母的“提线木偶”

孩子时时处于父母的控制之下，
实际上是剥夺了孩子的生活自由。
相当多的中国父母都将孩子视为自己的私产，
像口袋里的东西一样，可以由自己来支配。

子女是自在的、自由的，
他们不是物体，既不属于别人，
也不属于父母。

——黑格尔

父母无权主宰孩子的思维

很多父母总是想当然地认为，自己拼命赚钱养家，就是为了让孩子过上好日子，让孩子将来有出息。即使将来孩子不会大富大贵，至少可以衣食无忧。正是带着这种“一切为孩子好”的思想，对孩子实行严格的控制，为的是保护孩子不走或少走弯路。自己是一片“好心”，所以，孩子应该无条件服从。这些父母不明白，孩子再小，人格也是独立的，虽然经由父母带来人世，但父母也无权主宰孩子的思维，漠视孩子的感受。父母利用自己的权威压制孩子，用自己的思想统治孩子，不仅会葬送孩子的前途，也会害了自己。

徐力的父母在徐力很小的时候便离异了。徐力基本上是在母亲的悉心照料下长大。母亲在商场做导购，虽然工资不高，但是在吃穿用方面从来没亏待过徐力。

母亲与父亲离婚后，整个精力都放在了徐力身上，这让徐力承受着巨大的精神压力。母亲的控制欲很强，要不是如此，父亲也不会离开他们。自徐力记事起，父母就经常争吵，争吵的内容无非就是父亲又看了哪个女人几眼，父亲没有按照母亲的旨意办事，等等。最终，父亲终于不堪忍受，离开了这个他辛辛苦苦建立起来的家。由于当时徐力还小，离不开母亲的照料，法院就将徐力的抚养权判给了母亲。

没有了丈夫，只剩下唯一的儿子。母亲拿徐力当宝一样疼，看到孩子的成绩一路下滑后，这位母亲急了。徐力可是她的命根子，他的前途比什么都重要。所以，徐力的母亲要求徐力必须刻苦学习，一定要考进班级前10名。有一次期末考试，徐力考了第18名，母亲就将他狠狠打了一顿。徐力很清楚母亲的不容易，只好加倍努力学习，以达到母亲的要求。

但是，母亲的控制欲太强了，徐力已经16岁了，母亲不允许他和同学一起出去玩，不允许他买自己喜欢看的书，不允许他和自己的父亲联系。徐力喜欢踢球，想参加学校的足球队，母亲却说："你再踢球，我就打断你的腿。"

学习学累了，徐力想看电视休息一下，母亲就开始反复地唠叨学习的重要性。几年过去了，徐力的父亲事业做得很成功。事业有成后，父亲想把徐力接过去，这样不仅有利于徐力的成长，还有利于减轻徐力母亲的负担。但是，在母亲看来，这是前夫回来跟自己抢孩子，自己辛辛苦苦把孩子养育这么大，断然不会撒手的。

母亲过强的控制欲实在压得徐力透不过气来，他很想换个环境，到父亲那里生活一段时间，便间接向母亲表达了自己的意思。了解徐力的想法后，母亲火了，大骂徐力没良心，翅膀硬了就想攀高枝了。更是断绝了与前夫的一切联系，甚至搬了家，为的就是让前夫找不到他们。

经过这件事之后，母亲就像受了刺激一样，整天训斥徐力，动不动就说要把徐力的腿打断。最终，精神崩溃的徐力用锤子杀死了母亲。

惨剧的发生，到底是谁之过？徐力弑母无论如何都是极大的罪过。母亲辛辛苦苦把徐力拉扯大，最终落得被儿子杀死的命运，实在是可怜。另一方面，正是她对孩子强烈的占有欲害了孩子，同时也害了自己。这位母亲先是对孩子极其娇惯，后来又严格控制孩子的自由，让孩子时刻在自己的管控之下。说到底这些都是她强烈控制欲的表现。

父母的控制欲太强，孩子对父母的控制感觉不舒服，只能用自己的方式反抗。当父母给予孩子足够的自由，让孩子感觉舒适和快乐，孩子便不会故意和父母对着干。凡是逆反的孩子，很多是父母给予了孩子太大的压力。

现实生活中，有很多像徐力母亲一样的家长，带着"你是我生的"的强烈占有欲，控制着孩子的一切，包括孩子的思想。只是有些父母没有像徐力的母亲做得那么极端而已。这些父母总认为自己的观点才是对的，而孩子的想法是错的。殊不知，父母总是将自己的观点强加于孩子，是在让孩子渐渐丧失自由思考的能力。这样做不仅会阻碍孩子潜能的发展，而且会剥夺孩子亲身体验生活的权利，迫使孩子失去自主生活的能力。这就是为什么被“控制”的孩子会出现很多问题，比如没主见、懦弱，等等。

有一个渔民，虽然日子过得很苦，但是从来不让儿子出海。即使儿子已经长大成人，每天仍然是自己出去遭罪，把儿子圈养在家中。渔民活着的时候，儿子一直在父亲的庇护下幸福地生活。可是当渔民死后，这个孩子的苦日子就来了。他害怕出海，他不会打鱼。最后，活活饿死了。

父母要求孩子对于自己言听计从，是不自信的表现，他们害怕在孩子面前失去威信。其实，父母的威信并不是源于孩子的绝对服从，或者对于孩子的支配，而是孩子内心深处对父母的信服。要做到这一点，就要学会放手，降低自己的控制欲，给孩子一定的自由，遇到问题给予适当的指导和帮助，让孩子感觉到不被控制的快乐。

诚信教育：从“不逼迫”开始

品德是一个人立足社会的通行证，是人的综合素质中的核心部分。一个成功的人，大多是一个具有较高素养、品德高尚的人。诚实守信是中华民族的传统美德，是一个人行走社会不可或缺的品德。

海涛和我们家大宝同龄，也上小学四年级。他的爸爸是个程序员，妈妈在商场里卖服装。

每天海涛妈妈下班进门后，总是习惯性地问：“作业都做完了吗？”

海涛总是痛快地回答：“做完了。”

妈妈反复对海涛强调说：“爸爸妈妈平时都比较忙，没时间看着你写作业，你自己自觉点，放学回家就把作业写了。”

“妈妈，你就放心吧，我保证放学回家就写作业，我会好好学习的。”

一直以来，爸爸妈妈都以为海涛的学习没有什么问题。直到期中考试结果出来了，海涛拿着成绩单让妈妈签字，妈妈才知道海涛的学习成绩有多差，居然还有两门功课没及格。

妈妈当即训道：“你不是说你会好好学习的嘛！这就是你好好学习的结果啊……”海涛被妈妈训得低下了头。最后，妈妈让海涛郑重承诺，以后好好学习，把学习成绩提上去。

一天下班后，妈妈看见海涛正在聚精会神地看动画片，厉声问道：“今天的作业写完了吗？”

海涛头也没抬地说：“做完了。”

妈妈当即去检查他的作业，却发现他根本没做。

妈妈的火气一下子就上来了，说：“你答应我的事怎么不做到，你为什么说话不算数？你这个不争气的东西，看我怎么收拾你！”

最后，海涛向妈妈保证再也不骗妈妈了，以后一定好好学习。

孩子之所以说话不算话，原因很多，既有刻意地撒谎，也有无意识地撒谎，家长应该找准原因，再进行教育。

一般来说，两三岁的孩子已经有了一些基本的是非判断能力，当他们发现自己做错事时，会本能地害怕父母的责罚。特别是已经有过做错事被惩罚经验的孩子，为了避免被责罚，就用撒谎进行掩饰。这个年龄段的孩子，还常常根据自己的想象代替现实，或者故意夸大。由于自己的生活经验少，或者是想象力的丰富，在孩子身上出现想象与现实混淆，或者非常离奇的夸大现象，都应该是值得原谅的。

孩子再大一点，模仿能力增强。如果父母经常当着孩子的面撒谎，孩子遇到类似的情况后自然而然就会说谎了。所以，要想孩子具有诚实守信的品德，父母是孩子最好的榜样。身教大于言传，给孩子讲十遍守信的道理，都不如父母做一次守信的行为。

其实，孩子说谎还有一个重要的原因，就是父母逼迫许诺的结果。从上面那个案例我们就可以看出，海涛的妈妈无形中已经形成了逼迫孩子许诺的习惯。

研究发现，当孩子觉得承担了太多的承诺，而有些承诺实在无法兑现的时候，他反而会把那些承诺看得不再重要。所以，要想孩子诚实守信，父母就不要逼迫孩子轻易许诺。

另外，我们分析一下，孩子的承诺都是怎么产生的，这样我们就能明白为什么孩子总是会违背自己的承诺了。

孩子放学后没有马上写作业，父母就让孩子许下“放学后就写作业”的承诺；孩子的考试成绩不理想，父母就让孩子许下“以后一定好好学习”的承诺。父母只管让孩子承诺，可能没有意识到，其实，这些承诺并不是孩子自愿许下的，而是父母意志的强加，是父母给孩子下达“命令”。孩子迫于父母的权威，不敢不接受父母的“命令”，于是一个个承诺便出现了。

尤其是玩游戏方面，有的父母常常会说，“你答应妈妈……妈妈就让你玩半个小时的游戏”，为了能玩到心爱的游戏，孩子只好以“承诺”来换取，把承诺当作权宜之计，所以到真正实施的时候，孩子常常违背自己的承诺，出现说话不算数的现象。

事实是，孩子的很多承诺，本就不是孩子发自内心的承诺，孩子没做到，就给孩子扣上“不守承诺”的帽子，这对孩子是不公平的。

孩子说话不算数，说到底，还是父母的控制欲太强的缘故。父母总想用承诺捆绑住孩子，当孩子被一次次扣上“不守承诺”的帽子，正所谓“虱子多了不怕咬”，最后可能真的会出现“轻诺寡信”的情况。所以，解决孩子“不守承诺”的问题，要从不逼孩子许诺开始。

别动不动就给孩子设立太多规矩

俗话说“没有规矩不成方圆”，为了让孩子长大后能够适应所在的这个世界，做父母的一个基本责任就是在孩子成长的过程中，逐渐地把这些规矩告诉孩子，让孩子知道哪些事是不应该做的，做错的后果是怎样的。这样，就可以使孩子从家长所犯的错误中吸取教训，以后不会再犯这样的错误。

过去，很多大户人家都有家规和家法。家规就是家庭规定的行为规范。家法包括两重含义：其一是家长治家的礼法；其二是指家长用来责打子孙的用具。家规一向被看得很重，甚至与国法相提并论，有“国有国法，家有家规”的说法。

时至今日，家规和家法已经很少见了，但是动不动就给孩子立规矩的习惯在很多家庭中还普遍存在。

规矩就像一根无形的指挥棒，时刻敲打着孩子该干什么，不该干什么。用规矩管孩子，父母觉得简单而有效。我也曾犯过动不动就给大宝立规矩的错误。一开始，给大宝立了一个“吃饭不许剩”的规矩，并且给他讲，农民伯伯是怎么种粮食的，农民伯伯很辛苦。由于当时大宝还小，再加上农民伯伯故事的感染，每次他都会把饭吃得一粒不剩。后来我又给大宝立了一个“晚上8点就要上床睡觉”的规矩，一开始这个规矩很奏效，但是随着大宝独立意识的增强，他总是动不动就违反这条规矩，我便不得不与他展开痛苦的周旋。这使得我不得不反思，立规矩的做法是否可取。

告诉孩子一些规矩是必需的，但是，孩子毕竟是孩子，活泼好动是他的天性，如果用太多的规矩束缚孩子，就会压抑孩子的天性，使孩子变得很“懂事”，变得很“乖”。

比如，过于强调“不许剩饭”的规矩，就有悖于孩子生长发育的规律，如果孩子已经吃饱了，但是苦于规矩只能硬往下咽，那种痛苦的感觉可想而知，也伤害了孩子的胃。这种做法，还容易让孩子变得厌食。本来很喜欢的食物，也难免会厌恶起来。

再比如，“晚上几点就必须睡觉”的规矩，出发点是好的，让孩子早点睡觉，对孩子的身体好。但是，除了身体，孩子的心理也应该得到关注，如果到了规定的时间，孩子还没有睡意，而父母又逼着孩子去睡，孩子只能带着郁闷的情绪上床，睡眠质量可想而知。

有一次，我带大宝在小区的游乐场玩。一群小孩子聚集在一起，快乐地玩耍。其中有个叫乐乐的小朋友，远远地站着，很想过来和小朋友一起玩，但又始终没有走过来。我对大宝说：“儿子，你不是认识乐乐吗？让他过来和你们一起玩。”

儿子向乐乐招招手，但是乐乐却摇摇头。我走过去，问道：“乐乐，为什么不过去跟小朋友玩啊？”

乐乐看看我，说：“妈妈在那边压腿，说让我在这里站着，要在她的视线内，所以我不能动。”

我看见他手里拿着一个小汽车，于是对他说：“你手里不是拿着小汽车吗？你可以玩小汽车啊？”

乐乐孩子摇了摇头，说道：“妈妈说地上太脏，有很多细菌，我不能在地上玩小汽车。”

哎，看来乐乐已经被他妈妈制定的各种规矩束缚住了，于是，他只能抱着小汽车呆呆地在那里站着，用渴望的眼神看着小伙伴们玩得热火朝天。

乐乐的妈妈是一名小学教师，很注重给孩子立规矩。乐乐妈妈完全忽视了玩起来的快乐，也完全忽视了弄脏衣服与孩子的快乐哪个更重要。太多的规矩，使乐乐失去了和小伙伴一起玩耍的机会，也失去了自由玩耍的机会。的确，孩子的成长之中，规矩是必须要有的，但是如果所谓的规矩是以牺牲孩子的童年或者是压抑孩子的快乐为代价，这样的规矩还是少一些为好。养孩子就像养树木，树木成长需要适当地修理，但是过分地修理，可能会把一棵本来能成材的树木变成一棵朽木。

把最后的决定权交给孩子

现在很多父母，不仅对孩子的衣食住行进行大包大揽，甚至连思考决定这样的事情也给孩子包办了。这些家长普遍认为，孩子还太小，不明是非，难以做出正确的决定，所以要替孩子拿主意。我想对这样的家长说，孩子虽然还太小，但是他也是独立的生命个体，他也有自己的想法。

遗憾的是很多家长总用各种各样的理由替孩子拿主意。记住，我们对孩子的陪伴毕竟是有限的，总有一天他要走入社会，要面对很多我们插手不了的问题。所以，我们就要从小培养孩子自己拿主意的能力。

记得儿子上一年级的时候，一天放学后对我说："妈妈，老师让我去报名参加拼写比赛。"

"太好了，这是不错的锻炼机会，你去报名了吗？"

"还没有呢。"

"为什么？宝贝。"我不解地问。

"妈妈，我有点害怕，到时候台下可能会坐着很多人。"我知道对于第一次登台的孩子来说，心里总是有点恐惧的。我要帮助孩子建立信心，引导他做出自己的决定。

"儿子，妈妈的想法跟老师一样，你应该报名参加，这样不仅可以锻炼自己的胆量，也可以将你学到的知识展示出来啊。不过，这件事儿最后还是要你自己拿主意。”

“那我就报名吧。”儿子回答道。我能感觉出来，他完全是顺着我的意思回答的。我觉得有必要再跟他谈一谈。

“儿子，你要清楚，我希望你能报名，但是并不是强迫你一定要报名，这件事还是得你来做决定。你刚才说到台下会坐着很多的人，其实你一点都不用害怕，那些都是你的老师、同学，他们是为你加油鼓劲儿的。如果到时候你真的有点害怕，妈妈教你一个绝招。”

听说有绝招，儿子很兴奋，赶紧喊道：“什么绝招，什么绝招，妈妈快告诉我。”

我弹了一下他的小脑袋说：“这个绝招可是很灵的，妈妈小时候就用过。”看着儿子期待的小眼神，我继续说道，“妈妈的绝招就是把台下的人都当成白菜。”

“哈哈，白菜。”

“对，白菜，你害怕白菜吗？”

“白菜我才不怕呢，我还敢吃它呢。”儿子带着骄傲的小表情说。

“那就好，其实，妈妈还想跟你谈谈参加拼写竞赛的好处。参加这样的竞赛，可以锻炼你的自信心，每一个敢于站在台上的人，都是无比自信的。其次，还可以检验你的学习情况，我们不知道出题的老师会出什么样的题，不管怎么样，知识量掌握得多的人更容易胜出。你想不想锻炼一下自己啊？”我继续引导道。

儿子大声地说：“想！”但是转念他又说，“妈妈，要是输了怎么办？”

听到这句话，我笑了，摸着儿子的脑袋说：“是比赛就会有输赢，能赢当然是好事，其实输了也没有关系，我们不要太在意输赢，关键要看你到底尽没尽力。在妈妈和老师的心目中，你是一个非常有能力的孩子，这点并不需要用竞赛的输赢来证明。”

等我说完，儿子搂着我的脖子说：“妈妈，我要报名，我一定会好好表现的。”

“哦？是吗？这是你自己的决定吗？”

“是的，这是我的决定。”

面对需要做决定的事情，家长可以进行适当的帮助，进行良性的引导，比如，儿子报名拼写竞赛这件事，我希望儿子能报名参加。但是，我不会生硬地说：“你赶紧报名！”这样说了，倔强的孩子可能会立马跟你对着干，就是不报名，甚至哭闹；性格温顺的孩子可能听了你的话去报了名，但是内心充满恐惧。对输赢的在意，可能会让他战战兢兢。这些都是不利于孩子健康成长的。

如果在孩子需要做决定的时候，我们心中已经有了一个决定，想让孩子做出跟我们一致的决定，就要慢慢地加以引导。在引导的过程中，一定要注意了解孩子心中的障碍，并帮他清除障碍。

如果我的引导不成功，孩子说什么都不愿意参加拼写竞赛，我是不会强迫孩子的，我会尊重他的决定，与孩子的健康成长比起来，一次小小的竞赛简直太没有可比性了。

李开复说过：“在我看来，家长应该随着孩子的长大而逐渐放权。三五岁的时候告诉他们怎么做，七八岁的时候给他们一些授权。读了大学以后，他们就应该完全做自己的主人。”他的这一观点很值得吸纳，遗憾的是很多父母就是不明白这个道理，始终不懂得去放手。孩子小的时候，为孩子包办一切；孩子稍大一点，有了独立意识，仍然强迫孩子必须听自己的；等孩子都已经成人，仍然不肯放手，哪怕孩子一次次地甩开父母的手，仍然会一次次地凑上去。

其实，即使孩子再小，也有自己的想法。若孩子的个人想法得不到父母的关注，长期被过度控制，孩子的自主意识就会被抑制，自信心就会受到打击，甚至可能会对自己产生消极的评价，长大以后，可能会缺乏判断和选择的能力，缺乏责任感和主见。到那时，即使父母想放手，想让孩子的事情自己做主都不可能了，因为他已经丧失了独立思考的能力。

所以，父母千万别以“孩子还小，什么也不懂”的理由为孩子做决定。孩子不能一直生活在父母的庇护里，父母要试着放开手，让孩子独立思考，让孩子锻炼自己的心智和能力，早日成为可以独当一面的人。

放手，不是让孩子野蛮生长

孩子的健康成长必须要得到充足的锻炼，这就需要父母适当地放手。就像人类生存必须要有新鲜空气和干净的水一样，孩子也需要自由。但是放手不是什么都不管，任由孩子野蛮生长。

闯闯3岁的时候，父母因为感情不和离异了，闯闯的抚养权判给了妈妈。爸爸扔给他们娘儿俩一笔抚养费后，从此杳无音信。为了生活，妈妈不得不努力工作，但是有孩子在身边，总是难以施展拳脚。最后咬咬牙，将闯闯送到了遥远的农村娘家，自己一个人留在城市里打拼。

闯闯妈妈工作的时候就像上了发条，丝毫不敢放松。如今人才竞争这么激烈，稍有疏忽可能就被别人取代，所以，闯闯妈妈一直认真努力地工作，很少回娘家看闯闯，她认为她的父母能照顾好闯闯。

事实上，闯闯在姥姥家过得不好。除了他之外，姥姥还要照看两个孙子。一直以来，姥姥姥爷重男轻女的思想就比较严重，没想到就一个女儿还离了婚，总觉得女儿给他们丢人了。离婚也就罢了，还非得争取孩子的抚养权。因而姥姥姥爷对闯闯总是漠不关心。他们很少带闯闯出去玩，闯闯饿了就自己找吃的，渴了就自己找喝的，想出去玩就出去玩，想什么时候回来就什么时候回来。

一年一年过去了，每次闯闯在外面吃了亏，都没有人为他挺身而出，他渐渐地学会了用武力保护自己。于是，他隔三岔五就在外面与别的小朋友打架，经常带着伤回家。即便如此，姥姥姥爷也不以为然，他们甚至认为男孩子就应该皮实点儿。

待到闯闯该上小学了，妈妈将他接到了身边。妈妈惊呆了，这还是那个懂事乖巧的儿子吗？浑身上下透着野蛮的气息，跟谁说话都没有礼貌，妈妈稍有不顺着他，就对妈妈大吼大叫。妈妈带他出去玩，他会故意往小朋友身上踢石子，甚至无缘无故打人。

经过一番折腾，终于将闯闯送进了一个小学读书，但是不到一个星期，老师就请了闯闯妈两次。老师说，闯闯这孩子她实在是管不了了，跟他说什么都不行，自己不好好上课不说，还总是打扰别的同学，影响整个课堂纪律。

至此，闯闯妈妈的肠子都悔青了，没想到自己一放手，孩子被父母“放羊”了。原本乖巧懂事的孩子变得如此令人头疼。

我们提倡放手教育，可是放手的分寸要拿捏好，有多少家庭教育都败在了“分寸”二字上！放手绝对不是让孩子想干什么就干什么，甚至任由孩子胡作非为。真正的放手是给孩子选择权、尝试权和犯错误权，使孩子获得成长必需的生活经验。

放手不是放任，更不是让孩子野蛮生长。在每件具体事情面前，父母不能撒手不管，更不能什么都管。

教育孩子必须要学会放手，放手意味着给孩子一定的自由，锻炼孩子的自主能力，孩子可以按照自己的意愿去选择和做决定。反过来说，该管的还是要管，不能任由孩子野蛮生长。

在犹豫是否要对孩子放手时，我们不妨先评估一下。以做作业为例，如果我们认为孩子基本有能力安排好时间，并且孩子能承受没安排好时间带来的后果，那么就放手吧，让他在实践中总结经验。

既然选择了放手，就不要焦虑，不要干涉，不要抱怨。当然，任何事情都是变化发展的，如果事态的发展超出预期，那么就立刻伸手，进行适当的干预。

其实，在现实生活中，让孩子野蛮生长的父母少之又少，多数父母都是对孩子管得太多，放得太少。明白了自己的教育问题所在，教育起孩子来才能游刃有余。

好孩子不是命令出来的

英国教育家斯宾塞说：对孩子要少下命令，命令只有在其他方式不适用或失败时才用。要像一个善良的立法者一样，不会因为去压迫人而高兴，而因为用不着压迫而高兴。

然而，在现实生活中，有些父母强势惯了，常用命令、指示或指挥的语气告诉孩子该去做什么，不该去做什么。经常对孩子说的话就是：“你必须听我的。”

父母下达命令后，孩子可能迫于父母的权威，不敢不按照父母的旨意去做，但是他们的内心可能是不服气的，他们会想：我为什么要这样做？我为什么不能那么做？他们还小的时候可能只敢在心里进行反抗，稍大一点他们可能就会顶嘴反驳了。

在父母眼里，雨萱是一个不听话的孩子，因为父母要求她做的事，她总是不会立即去做；在雨萱眼里，父母太过强势，特别是妈妈，总喜欢用命令的口气让自己做这做那。因此，雨萱与父母的关系一直不是很好，经常拌嘴、冷战。

雨萱从小喜欢书法，所以报了一个书法班。有一天，她正在专心致志地写字。妈妈突然对她说：“雨萱，去把锅刷了。”

雨萱说：“妈妈，我在写字呢，写完再帮你刷行吗？”

妈妈立即说：“不行！我叫你刷，你现在就赶紧去刷！”

雨萱抬头看着妈妈说：“下午上书法课，老师是要检查的。”

“少写点儿怕什么？写字能当饭吃啊？”妈妈说着，把雨萱写字的本子扔到一边，再次命令道，“赶紧去刷锅！”

妈妈野蛮的行为、命令的口气，让雨萱很生气。

她怒视着妈妈说：“我今天不吃饭！”说完，她站起身，跑进了自己的房间，把门反锁上了。

没想到，妈妈立即追到门口，隔着门冲里喊道：“我让你赶紧出来，你听到没有？”

任凭妈妈怎么喊，雨萱就是不开门。此后好多天，雨萱都不理妈妈，一直和妈妈冷战。

都说父母是孩子的第一任老师，那么当孩子说出自己的想法之后，父母就不能凭着自己的权威，以强硬的口气下达命令。如果有不同意见，可以与孩子探讨。如果孩子是对的，就应该大力支持孩子。

喜欢给孩子下达命令的父母，说到底是因为支配欲望太盛，命令便是其权威的体现。这样的父母，总想用命令管住孩子。殊不知，好孩子不是命令出来的。总是对孩子下达命令，容易给孩子的心灵造成很大的伤害。

研究表明，如果父母喜欢向孩子下达命令，孩子长期处于被动服从的地位，时间长了，就会形成退缩的性格，做事缺乏主动性。父母不分青红皂白地命令，还会使孩子的是非观念发生错乱，严重影响孩子自我意识的形成。长期如此，孩子的独立精神、自主意识都成了父母意志的附庸。

其实，父母不总给孩子下命令，也是给自己留余地。对于那些个性比较强的孩子来说，面对父母的命令，很可能反唇相讥，与父母对着干，弄得父母下不来台。如果父母能改变思路，注意与孩子说话的口气，改命令为引导，效果就大不一样了。

我弟弟家的贝贝，就是一个个性很强的孩子，只要是她认定的事情，都会坚持到底。不管做什么事情，只要父母采用强硬的态度、命令的口气让她去做，她是不会做的。

一开始，弟弟、弟妹在教育贝贝的时候，态度都是比较强硬的，但是他们发现效果并不理想。

贝贝从小就喜欢画画，弟妹给她买了很多画笔。每次画完画，贝贝总是把画笔弄得到处都是。弟妹看见了，每次都习惯性地说：“贝贝，赶紧把画笔都收好。”但是，贝贝都像没听见一样。弟妹只好提高音量：“贝贝，我让你把画笔收好呢！”见妈妈生气了，贝贝才会很不情愿地去收拾画笔。

弟妹多次向我诉苦，我给了她一些建议。贝贝再乱扔画笔的时候，弟妹一改命令的语气，心平气和地对贝贝说：“贝贝，你是不是很喜欢画画啊？”

“是啊，贝贝最喜欢画画了，妈妈我画得好看吗？”

“好看，非常好看。这次画完，以后贝贝还想画画吗？”

“想啊。”

“可是你把画笔扔得到处都是，要是妈妈不小心当垃圾收走了，贝贝以后就画不了画了。”

“那我赶紧都收起来。”

就这样，贝贝逐渐养成了每次画完画都会把画笔收好的习惯。

教育孩子，要因孩子而“异”。特别是教育那些个性强的孩子时，绝对不能以硬碰硬，否则，难免两败俱伤。

要想教育好孩子，就要了解孩子的心理。很多孩子都是吃软不吃硬的。例如，面对迟迟不肯睡觉的孩子，如果父母强硬地说：“赶紧去睡觉！”孩子未必会听，即使听了，可能也很不情愿。

如果父母能了解孩子爱玩的心理，懂得换一种口气说：“这东西真好玩！

但是快九点了，先去睡觉好吗？等明天有时间了再玩。”父母用这样的口气与孩子对话，引导孩子去睡觉，孩子就能够感觉到父母对自己的尊重，心里会觉得很舒服，会乖乖地听父母的话。

美国成功学家卡耐基说过：“用‘建议’，而不下‘命令’，不但能维持对方的自尊，而且能使他人乐于改正错误，与你合作。”这对于孩子来说也是一样的，当孩子感觉到不被尊重，孩子就会本能地进行抗拒，即使他意识到自己错了，也不愿意去改正。因为他会觉得，对父母的让步，就是自己软弱无能的表现。

当然，也有些非常“听话”的“好”孩子，父母让他们怎么做他们就怎么做，绝对不越雷池半步。如果父母不下达命令，他们反而不知道怎么去做了。如此“听话”的“好”孩子，其实是有问题的。孩子言听计从久了，好奇心和创造能力都会受到抑制的。

因而，在孩子成长的过程中，父母可以是陪伴者、引导者，但是不能做操纵者、命令者。好孩子不是命令出来的。

第4章

干预太多
——泯灭孩子的天赋与能力

有些父母，仿佛自带神器
——“剪刀手”。
总是喜欢伸出来剪来剪去，
剪断了孩子想象力的翅膀，
剪断了孩子好奇心的萌芽，
剪断了孩子兴趣的小火苗。

精神的浩瀚，想象的活跃，

心灵的勤奋，就是天才。

——狄德罗

别总是给“破坏大王”当头一棒

志玲有一个儿子，今年5岁了。这个孩子非常让她头疼，每天睁开眼睛就开始不知疲倦地闹腾，发出种种声响。我知道，志玲一直是一个喜欢安静的人，生活作息都极有规律，孩子这么闹腾，她肯定痛苦不已。

志玲说，为了管教儿子，每天自己都在焦虑中度过，孩子都在她的训斥中度过。

我对她说，你要调整你的心态，孩子没当过大人，他理解不了你的感受。我们都当过小孩，我们应该更能理解小孩。

志玲说，最让她头疼的还不是儿子太闹腾，而是他太喜欢拆装东西了。

有一次，儿子的小姨来做客，给儿子买了一个变形金刚，价值不菲。儿子最喜欢这些变形玩具了，拿到手里便回到自己的房间里玩起来。当时志玲坐在客厅的沙发上与孩子的小姨边看电视边聊天。过了一会儿，她去儿子的卧室，看见原本完好无损的变形金刚，已经变成了大大小小的零件。这可把志玲气坏了，小姨好心好意给他买的玩具，转眼之间就被他拆了，于是将儿子一顿训斥。

我问志玲：“当时你没问问你儿子为什么拆变形金刚吗？”她说问了，儿子说他只是好奇，想看看里面究竟藏着什么，为什么可以变形。

志玲说拆东西是儿子最大的爱好，凡是让他感到好奇的东西，都逃不过被破坏的命运，当然他也逃不过被训斥的命运。可是无论志玲怎样训他，他的这个毛病始终改不了。

还有一次，他竟然把挂在墙上的挂钟给拆开了，要知道这座挂钟是志玲故去的祖父留下来的遗物，十分珍贵，没想到却被淘气的儿子拆了，零件散落了一地。那一次，志玲终于没有控制住自己，不由分说打了儿子。

志玲给儿子下了死命令："以后不许再拆东西，再拆东西就打你的手。"

我迫不及待地问她："孩子真的不再拆东西了吗？"志玲叹了一口气说，是的，孩子不再拆东西了，但是从此他失去了往日的活泼劲儿，再好的玩具摆在他的面前，从他的眼里也看不出兴奋，甚至能读出一丝忧伤。

我非常为志玲的儿子担忧，志玲强硬的制止行为已经严重伤害到了孩子的心灵。如果不能进行及时的疏导，可能会产生更为严重的后果。听我这么说，志玲急了。我告诉她，先不要着急，事情还没有发展到无可挽回的地步。

首先，我要让志玲明白为什么有些孩子喜欢搞破坏。

大多数孩子都有强烈的好奇心，渴望从未知的世界有所发现，那么，探索就成了不可避免的过程。但对于大多数孩子来说，探索不仅仅是用眼睛看，用耳朵听，还要付诸行动。在行动的过程中，破坏性行为就产生了。

其实，孩子的破坏性行为与他的心理发育有一定的关系。从心理学的角度分析，孩子还小，责任感比较差，想不到要为破坏行为负责。见到不可思议的东西，在好奇心的驱使下，便不顾后果地去破坏了。

听了我的解释，志玲松了一口气，原来不只是她家的孩子这样，很多孩子都有这样的破坏性行为。玩具既然是给他买的，他就有权处理，拆与不拆都是他的事情。再者说了，通过破坏，孩子能够对玩具的结构和其工作原理有一定的了解和认识，这对提升孩子的动手能力、观察能力、思考能力和创新能力都有很大的帮助，家长为什么要禁止呢？志玲没想到孩子拆玩具还有这么多的好处，不禁后悔起自己以前的做法。

大数学家陈景润在教育孩子方面，有着独到的见解。每当陈景润看书看累了，就到客厅陪儿子玩一会儿。客厅里有不少儿子的玩具，可是没有一件是完好无损的。陈景润的儿子陈由伟，每当看到新玩具，便忍不住拆开探个究竟。"飞机""坦克""汽车""青蛙""小狗"等，没有一个能幸免于难的。为此，陈景润的妻子有时会忍不住批评儿子，但是陈景润总是乐呵呵地站在儿子一边，替儿子求情说："孩子有好奇心是件好事，他能拆开玩具证明他有求知欲望，能研究问题。当父母的要支持他才对。”妻子想了想，觉得丈夫说得有道理，就不再批评儿子。陈由伟很小就对数学产生了浓厚的兴趣，与陈景润宽容的教育有着很大的关系。

志玲已经完全接受了我的意见，决定以后不再总是给家里的“破坏大王”当头一棒，但是她心中还是有一个疑问，毕竟有些东西很贵，难道就任由孩子拆吗？

对于特别贵或心爱的物品，父母应该提前告诉孩子不要拆卸，或者干脆放在孩子找不到的地方。父母可以指定一些小物件或者小玩具让孩子拆卸。这样，既满足了孩子的探索欲，也避免了贵重物品的损失。

当孩子开始拆卸物品时，如果父母有空闲时间，也可以参与进来，和孩子一起探索。这样一来，不仅能增进与孩子之间的感情，而且也能体会拆物品的乐趣，同时会更理解孩子的破坏行为。

鼓励孩子拆，还要鼓励孩子装。一拆一装，让孩子更加了解物体的结构和原理，更能满足孩子的求知欲。另外，将一个个零件重新组装成玩具，孩子会有很大的成就感和满足感。

所以，对于孩子的破坏行为，父母不要过多地干预，而要采取积极的手段，努力发掘孩子这种行为背后的天赋。要知道，今天的“破坏大王”也有可能成为明天的“发明大王”。

兴趣，应该是孩子自己的事

孩子获得各种知识，掌握各种技能，靠的就是伴随兴趣而来的求知欲。当孩子做自己喜欢做的事时，会无比的自觉、专注、乐于尝试、不怕困难。同时孩子也是享受的、充满自信的。

兴趣是自己的事，然而很多父母却总是喜欢替孩子决定兴趣，甚至把自己的兴趣强加到孩子身上，或者想当然地认为哪种兴趣对孩子的人生更有利。

有的父母小时候对某一项才艺非常感兴趣，但是迫于当时家里的条件，没有机会学习，现在生活条件好了，就让孩子实现自己当年没有实现的愿望。孩子的心智还不全，本来就难以判断，再加上父母的权威，很容易就顺从父母的引导。“童话大王”郑渊洁说过：“不要在孩子不感兴趣，还没有能力理解的时候，让他做任何不感兴趣的事情。”其实说的就是这个道理。

现实生活中，还有这样一类父母，贪多求全，盲目跟风，别人学什么就让自己家孩子学什么。我认为盲目地选择那些兴趣班治标不治本，并且学到的都是些程式化的东西。

自从大宝上幼儿园开始，他的同学强强就开始上口才班了。我曾问过强强妈妈为什么让强强上口才班，她没说出一个所以然，只是说看别的孩子都报，她就给强强报了，还劝我给大宝也报一个。

现在强强也上四年级了，跟大宝仍然是同班同学。班级里有个什么活动，经常是强强主持。我参加过他主持的一个活动课，只见他背部挺得直直的，说起话来铿锵有力，每一句都讲究抑扬顿挫。但是，我总觉得有些过了，像个小大人一样，说着一段一段的客套话。背稿的痕迹非常明显，缺少一个优秀主持人最重要的现场应变能力。

还有的父母功利性太强，总是把兴趣与孩子的前途挂钩。例如，拥有某一项才艺或者考到某个等级，高考可以加分，父母就会逼着孩子去学他根本不感兴趣的才艺。

一年暑假，大宝约明明出来玩。明明唉声叹气地说：“你们考完试都能玩，就我不能。我还得去学习长号呢。爸爸说学习长号可以加分，能上更好的学校，其实我一点儿都不喜欢长号。”

学习才艺，终极目的应该是让孩子获得喜悦、陶冶情操，而不应该是升学考试的垫脚石。孩子只有打心底里喜欢，才会自动自发地学好。

看了《龙拳小子》这部电影后，大宝主动找到我说道：“妈妈，我想学跆拳道。”

大宝天生好动，练跆拳道倒是很适合他。但是我怕他是一时心血来潮，就对他说：“你想学跆拳道可以，但是你别光看电影上龙拳小子他们很帅，要达到那种程度，是需要练很久的。而且，练跆拳道需要压腿什么的，也是很辛苦的。”

“妈妈，我喜欢，我早就想跟你说了，我不怕辛苦，我会好好练的。”他拍着胸脯向我保证。就这样，我给他报了一个跆拳道班。有时候天气不好，我就建议他别去了，每次他都不愿意，说那样会落下课的。每次学了新动作，都会迫不及待地告诉我，练给我看。为了巩固学的动作，没事就在客厅里练。

人最可悲的是一辈子没有什么兴趣和爱好，孩子最不幸的是原本有的兴趣被父母干预掉。著名的心理学家皮亚杰说过：“强迫工作是违反心理学原则的，而且一切有成效的活动，都必须以某种兴趣为先决条件。”

父母的干预，威力是巨大的。本来孩子很有兴趣做的事，被父母干预太多、要求太多，频繁的不满与批评，会渐渐腐蚀掉孩子的热情，让孩子逐渐丧失兴趣。

儿子的同学刚刚是家里的独苗，他爸爸妈妈都是搞艺术的，很注重培养刚刚的艺术气质。刚刚家里有一架钢琴，没事的时候刚刚的爸爸妈妈就会弹上一曲。耳濡目染，刚刚对弹钢琴产生了浓厚的兴趣。

刚刚的父母一看，孩子对弹钢琴感兴趣，那可是太好了。于是，妈妈每天都抽出一定的时间教刚刚弹钢琴。开始的时候，刚刚很有兴趣，可是妈妈太严格了，弹错一个音符，都要罚十遍、二十遍。有时候，他想随便弹一段，爸爸听见了，总会对他进行训斥。告诉他弹钢琴一定要看着谱子，按着谱子弹，弄得他兴趣全无。

最让刚刚苦恼的是，只要家里一来客人，爸爸妈妈就会让他给客人表演弹钢琴，他觉得自己就像马戏团里的小丑一样，是让别人观赏取乐的。他恨死了来家里的那些客人，也恨爸爸妈妈，因为他们从来就不在乎他的真实想法。

刚刚对弹钢琴越来越没兴趣，弹得越来越差，当然父母的责骂声也越来越大。他曾对大宝说，现在他一看见钢琴头就开始疼。遗憾的是刚刚的父母丝毫没注意到孩子情绪上的变化，依然每天早上6点半叫他起床，晚上监督他写作业，监督他弹钢琴。刚刚觉得自己就像个犯人，呼吸一下新鲜空气都难。

刚刚越来越内向，脾气却越来越急躁。有一次，他实在受不了，对着父母大喊："我不想弹钢琴，我讨厌弹钢琴，你们再逼我，我就去死！"

听到儿子喊出这样的话，刚刚的父母吓坏了。没想到孩子已经厌恶弹钢琴到了这种地步。

刚刚本来对弹钢琴是有兴趣的，怎么会变得如此讨厌弹钢琴呢？出现这样的结果一点都不奇怪。如果父母小心呵护他的这一兴趣，说不定这个兴趣的小火苗还真的能成燎原之势。刚刚的父母错就错在，没有小心地呵护，而是简单粗暴地干预，在他们的干预下，终于浇灭了这兴趣的小火苗。

所以，父母一定要尊重孩子的个人兴趣，让孩子自发地燃起兴趣的小火苗。小火苗一旦燃起，一定要小心呵护，而不要因为自己的煽风加速，用力过猛，让兴趣的小火苗覆灭。

别强迫孩子实现父母设计好的蓝图

有的父母，从孩子咿呀学语开始，就为孩子设计了一整幅未来的蓝图。

有一次，儿子的堂哥龙龙来我们家玩，对我说："婶婶，你们家大宝真幸福，有那么多的自由时间。我妈事儿特别多，对我管得特别严，什么事都要干涉。比如说我每天能去哪儿，几点要回来；见什么人，要说哪些话；买什么衣服，怎么穿；每天可以看电视30分钟，只能看哪些频道；每天练琴2个小时，少一分钟都不行。"

"你妈妈是够严格的，你喜欢弹钢琴吗？"我问道。

“我一点都不喜欢弹钢琴，但是我妈妈喜欢，说会谈钢琴的人特别帅。妈妈说当年她就想找个会弹钢琴的帅哥结婚，可是遇见了我爸，我爸任何乐器都不会。所以，妈妈希望我从小学钢琴，将来能成为像郎朗一样的钢琴大师。”

龙龙对我说，他不喜欢每天被关在屋子里，他喜欢到外面去，而且特别喜欢小动物，喜欢研究小动物的生活习性。

龙龙已经上初二了，学习成绩一直都很不错。但是他的父母对他要求极其严格，要求他的成绩必须排班里的前三名，好在龙龙脑子聪明，从来没让父母失望过。但是，妈妈逼着他练琴，他感到很痛苦。所以常常趁妈妈不注意，偷偷溜出去，到郊外观察小动物。

有一次，龙龙又去郊外观察小动物，一只黑蜘蛛引起了他的注意，最后实在舍不得，就将黑蜘蛛带回了家。妈妈看见他身上弄得很脏，顿时大发雷霆：“我说过多少次了，别老出去玩。有那么多时间你多练练琴。”

龙龙解释道：“我不是去外面玩了，我是去观察小动物去了，今天我研究的是昆虫，你看这只黑蜘蛛……”说着，他将黑蜘蛛举到妈妈面前。

妈妈厌恶得一巴掌打掉，嘴里念叨着：“去，去，去，这样的脏东西以后不许往家带。”

见妈妈把自己的“宝贝”打掉了，龙龙很伤心，边捡边说：“我又没耽误学习，我又没忘了练琴，为什么就不能给我点自由？”

“自由？你以为你现在的成绩能保证考上重点高中吗？不上个好高中，怎么考个好大学？即使你将来成了钢琴家，也得有个学历啊。学历低了，你弹得再好，别人也是瞧不起的。”

听妈妈的数落，龙龙很难过。回到自己的房间里，他望着黑蜘蛛，闷闷不乐地坐了一下午。

为了不让龙龙有更多的时间去外面，龙龙父母为他报了好几个辅导班。过了一段日子，龙龙的妈妈给我打来电话，说龙龙这个孩子不知道是怎么了，越来越不爱说话，总是将自己关在屋子里。而且，学习成绩也下降了，是不是孩子的智力跟不上了。

物极必反，孩子被逼迫得紧了，不是被压垮，就是强烈的反弹。很明显，龙龙觉得很压抑，所以在进行无声的反抗。

我对龙龙的妈妈说了一大堆道理，也不知道她听没听进去。龙龙的生物老师是我的同学，有一次同学聚会，我们聊起了龙龙。老师认为，龙龙是个好苗子，喜欢研究小动物，好好培养，将来没准有大出息。

其实，孩子再小，也有自己的兴趣和爱好。如果父母强迫孩子，让孩子按照自己设计的蓝图走，那么孩子就会感到极大的压力，压力太大了，孩子就会觉得父母的期望对于他来说是一种痛苦的负担，同时也会使孩子失去成长的自由和独立意识，导致孩子产生抵触、反叛，甚至对抗的心理。

所以，父母不要为孩子设计发展蓝图，而是要让孩子自己寻找前进的方向。一般来说，孩子自己选择的努力方向，更能持之以恒。

一个人为自己选择的目标而努力时，是自愿的、积极主动的，不仅学得又快又好，而且还能享受到其中的乐趣。

与中国父母相比，西方父母对孩子有一种超然的包容心理，他们能够接受孩子的全部，不会强迫孩子一定要去实现自己设计的蓝图，而是让孩子自己选择成长。从某种意义上来说，中国父母看似对孩子的付出比西方父母要多得多，但是大部分中国父母其是为了让孩子实现自己不能实现的梦想。在这个大前提下，他们去爱孩子、管孩子、鞭策孩子。毫不客气地说，中国父母有一种强烈的占有欲，不仅占着孩子的童年和青少年时期，还想用梦想占着孩子的一生。

在西方国家，一般孩子到了18岁，父母就会让他走自己的路。然而在中国父母的眼里，孩子永远是孩子，即使二三十岁，父母都不会放开牵引孩子的线。结果不是让孩子永远长不大，就是在孩子强烈的反抗下狼狈退场。

及早放手，让孩子自己选择，呵护孩子的梦想，才是对孩子最好的安排，只有这样，孩子的理想之苗才有成为参天大树的可能。

天性不可违：每个孩子都爱玩

玩就是孩子的天性。孩子一生下来，就开始通过玩儿来了解这个世界了。

研究发现，玩儿不仅有助于拓展孩子的想象力和创造力，还可以培养孩子坚强的毅力和互助精神，增加他们与人交往的机会，以及让他们学会理解他人，控制自己。作为父母，千万不要泯灭了孩子好玩儿的天性。其实，给孩子一定的时间让孩子去玩儿，不但无害，反而有益。

一天，我在屋子里写稿子，让儿子在院子里自己玩儿。当我写累了，想到院子里伸伸懒腰的时候，发现儿子正在院子里挖石头，浑身弄得脏兮兮的。当时真想说他两句，因为我不止一次地告诉他，一定要讲卫生，不要弄得身上太脏。

我正要开口训斥，儿子看见了我，手中拿着几块石头，兴奋地跑了过来。

"妈妈，你看这石头上的花纹，是不是很特别啊，我想把它们攒起来。"

看着儿子天真无邪的脸，我不由改变了主意。与脏了的衣服比起来，儿子的快乐更重要。于是，我对举着石头的儿子说道："是的，你真有眼光，这块石头的花纹的确很特别，你看它像什么？"

"这个像向日葵，这个像一条小鱼。"儿子不断换着石头，高兴地说："妈妈，你看这个像不像一座长满树的山？"

"嗯，我觉得也很像。"

"如果把它们放进鱼缸里，金鱼会不会很高兴？"

"我怎么就没想到呢？你的想法很好。"

于是，我们拿着那些石头回到屋里，将它们洗净，放进了鱼缸。说实在的，鱼缸里放进去几块石头，真是别有意趣。

我看着大宝脏兮兮的衣服，说道："可是你这身脏衣服怎么办啊？"

儿子兴奋地说："妈妈，今天我自己洗吧！"

我满意地摸摸他的头。

在玩儿方面，我向来很少限制孩子。因为我很清楚，玩儿不仅有利于孩子的智力开发，而且有利于孩子放松身心。从上面我说的这件事就可以看出，在玩儿的过程中，孩子的想象力是多么的丰富啊。

鲁迅在《风筝》一文中，后悔自己在年轻时曾拆毁了弟弟制作的风筝，他这样写道："偶尔看了一本外国讲论儿童的书，才知道游戏是儿童最正当的行为，玩具是儿童的天使。"

说到孩子的玩具，现在市场上卖的可谓五花八门。有科技先进的电动玩具，也有温暖可爱的毛绒玩具。有注重孩子智力开发的玩具，也有美妙动听的音乐玩具。

究竟哪个玩具好？这要孩子自己决定。我们大人常常犯这样的错误：给孩子买玩具，总是买我们认为好的，比如价钱合理、质量好，等等。其实，我们认为好的，孩子未必喜欢。在孩子的眼里，衡量一个玩具好不好，其实就一个标准——他喜不喜欢，至于贵不贵，与他们无关。

其实，对于好玩儿的孩子来说，并非只有从商店里买来的玩具才能玩。一堆细沙、一片树叶、一根棍子，还有前面说到的小石头，等等，都可能成为孩子爱不释手的玩具。

我向来认为，只要保证了安全这一条，孩子想玩儿什么就让他尽情地玩儿。童年只有一次，没有玩耍的童年多么可悲。

呵护孩子宝贵的好奇心

好奇心是孩子求知欲的最直接反映，好奇心是孩子认识世界、探索世界的起点和动力，是创造性思维的萌芽，所以父母要小心呵护。

英国的亚皮丹博物馆中有两幅藏画。一幅是人体骨骼图，另一幅是人体血液循环图。这两幅画，结构合理，笔法细腻，赢得了许多人的赞叹。其实，这两幅画的背后，隐藏着一个很有教育意义的故事。

这两幅画，并不是出自什么大家之手，而是当年一个名叫麦克劳德的小学生画的。麦克劳德从小好奇心就很强，不管做什么事都喜欢寻根究底，不挖出最后的真相绝不罢休。

有一天，他突发奇想，想看看狗的内脏是什么样的。于是，他找来几个小伙伴，又找到一只狗，偷偷地将其宰杀。然后将狗的内脏一个个掏出来，仔细地观察着。

让他没有想到的是，这只狗不是别人的，而是校长十分宠爱的狗。校长知道这件事后，十分恼火，觉得麦克劳德实在是太淘气了，如果不好好惩罚他，将来还不知道能干出什么“好事”来呢！

但是，到底该怎么惩罚呢？这对于一个长期搞教育工作的校长来说，不得不慎重考虑。不管结果怎样，麦克劳德的这种行为都是出于好奇心，绝对不能扼杀孩子的好奇心。但是麦克劳德的做法确实又让他十分生气。经过反复考虑，校长决定罚麦克劳德画一幅人体骨骼图和一幅人体血液循环图。

麦克劳德是一个聪明的孩子，他知道自己杀了校长的宠物狗是不对的，应该接受惩罚。为了表达自己勇于认错的决心，他认认真真地画了这两幅图。

他画完这两幅图之后，交给校长去检验。校长看后很满意，认为画得非常好。看到这孩子已经认识到了自己的错误，于是没再追究麦克劳德杀狗的这件事。

校长的这种处理方法，即使麦克劳德认识到了自己的错误，又保护了他的好奇心，还给了他一次学习生理知识的机会，可谓是用心良苦。

后来，麦克劳德成了一位著名的生理学家。他与医学家班廷一起，研究发现了胰岛素的存在，为糖尿病人带来了福音。

从校长处理小麦克劳德杀狗事件中，我们可以得到这样的启发：如果当初这位校长对麦克劳德进行简单粗暴的惩罚，通知他的父母要他们赔狗，或者是将小麦克劳德开除，那就会将麦克劳德身上的闪光点——好奇心，一同砍伐殆尽，那么后来也就没有这位大名鼎鼎的解剖学家和医学家了。

遗憾的是现实生活中，很多父母总是因为过度地介入，扼杀孩子的好奇心。例如，孩子正在拼积木，找了半天也没找到合适的那一块，有些父母看见了心急，赶紧将正确的积木递给孩子。这样的做法是在扼杀孩子的好奇心，让孩子少了自己探索、自己完成的乐趣。

如果父母总是纠正过多，管教过严，或者态度冷漠，孩子在考虑问题时就会害怕犯错误，久而久之，就会感到自己什么也不行，只能从父母那里接受现成的安排，成为一个毫无创意的人。

所以，父母在培养孩子的过程中，要特别珍惜孩子的好奇心，鼓励他们大胆思考。孩子的创造潜能靠培养、靠挖掘，尤其是需要父母减少干预，给他们轻松的成长环境，并善于引导其正确的思路，在创造中享受成功。

不要折断孩子的翅膀，又逼着他飞翔

每个孩子都是天使，生来都是有“翅膀”的。这翅膀就是他们的想象力。波兰儿童心理学家加林娜·菲利普立克认为：“想象力的发育是与思维和记忆的开发，以及孩子的情绪和心境紧密联系在一起的，它在孩子认识世界的过程中起着重要的作用。”

孩子的想象力，常常体现在一些奇怪的想法和念头上。这些想法和念头看起来很荒唐，甚至不着边际，但这是孩子创造性的体现，是培养孩子创新意识和能力的绝好机会。如果父母认为孩子那些奇怪的想法和念头是在胡闹，从而进行干预，或阻止或训斥，就是在进行折断孩子想象力翅膀的恶劣行为，让孩子沦为平庸。

孩子的想象力是很丰富的，对于自己不能理解的言行，父母们千万不要妄自断言，或者强行干预。给孩子一点时间，给孩子一个解释的机会，或许他能带给你更大的惊喜。

雪儿很小的时候就喜欢画画。看到雪儿对画画感兴趣，雪儿妈妈便给雪儿报了一个绘画班。绘画班的老师很注重培养孩子的想象力。绘画班经常不定期地举行绘画大赛，让孩子的父母看到孩子的进步。

有一次，绘画班举行了一次绘画大赛，主题是：发挥你的想象力。

比赛时，雪儿想了好久才开始动笔。雪儿画啊画，最后只画了半只鸭子。

陪孩子画画的父母们看见雪儿的画纸上只画了半只鸭子，都觉得不可思议，大家七嘴八舌地议论起来。

听着大家的议论，雪儿妈妈的脸红了，立即走到雪儿面前，对雪儿吼道："你看人家画得多好！你看你！怎么能画半只鸭子呢？把纸翻过去，赶紧重画！"

听到雪儿妈妈的训斥声，绘画老师微笑着走了过来，说道："雪儿妈妈，你先不要着急，让雪儿画完再说，说不定后面还有惊喜呢！"

得到老师的鼓励，雪儿很开心，很快在半只鸭子的后面又画了几只小鸭子。

绘画老师让雪儿讲讲她的画。

雪儿说："我画的是鸭妈妈带着小鸭子散步的故事。那天天气很好，鸭妈妈领着这几只小鸭子出去散步。鸭妈妈个子大，走得快，很快就走出了画面，只剩下半个身子还在画纸上。小鸭子为了不和妈妈走散，紧紧地跟在妈妈身后。"

这时，大家才明白，原来那半只鸭子，是已经快要走出画纸的鸭妈妈。

小孩子的世界就是这样，干净而纯粹。小孩子的想象力非常丰富，总是有意无意地做出一些让大人惊讶的事来。如果父母不能正确地看待孩子的奇思妙想，简单地认定这是孩子不听话、捣乱，而加以批评和限制的话，就有可能把孩子的想象力和创造力抹杀掉。

要知道，现在孩子们的成长环境，无论是家庭还是社会，都和父母小时候不一样了。他们接触新事物更早、更广泛，他们面对的世界更加绚丽多彩。正因为如此，他们的想象力更为丰富，更容易突发奇想。

对于孩子的一些出格行为，有些父母总是管得太多。久而久之，孩子在考虑问题时就会怕犯错，从而变得小心翼翼，做事畏首畏尾。被父母说得多了，会感到自己什么也做不好，只能从父母那里接受现成的安排和结论，丧失了自信心和创新精神。

反之，如果父母能够以宽容的心态，辩证地看待孩子的出格行为，对他们加以正确的引导，调动他们的主动性和创造性，培养他们的积极精神，那么今天行为出格的孩子，有可能就是明天不同凡响的人才。

想象力是人在头脑里对未知事物的一种虚幻的解释，正因为有了想象力的存在，才会促使人想尽办法去实现想象中的事，世界上才有了更多的可能。想象力是动力的源泉，在实现想象的过程中，人们不断探索，不断进步。

西方国家向来很注重孩子想象力的培养，甚至不惜动用法律武器，来保护孩子的想象力。

1968年，美国一名3岁女孩指着一个礼品盒上的“OPEN”这个单词，对她妈妈说，第一个字母是“O”。她的妈妈听了非常吃惊，问她是怎么认识的。女孩说是幼儿园老师教的。这位妈妈一纸诉状把幼儿园告上了法庭，理由是该幼儿园扼杀了孩子的想象力。因为她的女儿还小，可以把“O”想象成苹果、太阳、足球、鸡蛋等圆形的东西。但是，自从幼儿园教她认识了“O”，她就只知道它是字母了，失去了想象力。她要求幼儿园道歉，并进行精神赔偿。

此案开庭后，这位妈妈说道：“我曾到东方某个国家旅行，在一个公园里看见两只天鹅，一只被剪去了左边的翅膀，放在较大的水塘里；另一只完好无损，放在较小的水塘。管理员说，这样能防止它们逃跑。有一天刮起了大风，小天鹅飞到了安全地带。大天鹅因为失去了翅膀，无法保持身体平衡而无法飞行，在大风中丧生。现在，我女儿就犹如一只失去了翅膀的天鹅，幼儿园剪掉了她想象力的翅膀。”

她的陈述感动了陪审团的全体成员，幼儿园败诉，郑重道歉。

这个案例虽然有些极端，但是在我们现实生活中，折断孩子想象翅膀的事件每天都在发生。很多父母都是“望子成龙，望女成凤”，但是却过早地用成人的观点教育孩子，常常否认甚至耻笑孩子的想象，将孩子的想象力扼杀掉。待到孩子将来一事无成，又怪孩子没有一点点想象力，不能飞得更高。

一个真正关心孩子成长的父母，必然会更新自己的教育理念，把孩子的头脑、双手、嘴巴、行动从传统的教育模式中解放出来，努力培养孩子的想象力与创造能力。

第5章

过高期望
——致使孩子厌恶或麻木

父母“望子成龙，望女成凤”的心可以理解。
但是，父母也要把握对孩子的期望标准，
期望过高容易让孩子失去信心。

在我们的教育中，
往往只是为着实用和实际的目的，
过分强调智育的态度，
已经直接导致对伦理教育的损害。

——爱因斯坦

神童，到底能走多远

一位大姐中年得子，特别重视孩子的培养。孩子上幼儿园后，有一家国际机构来园里对孩子们进行智力测试。测试结束后，幼儿园园长悄悄告诉她，她儿子的智商是最高的。当时她听到这个结果后，比中了500万彩票还高兴。觉得她儿子就是一个神童，自己就是倾尽所有，也一定培养好儿子。

自此以后，她将自己非常不错的工作辞了，在家全职照顾孩子。她觉得，即使事业再成功，也不如把儿子培养好更重要。生活上对孩子照顾得无微不至，只要孩子哪方面做得不好，就会立即指出来让孩子改正。在学习方面，更是丝毫不敢放松，孩子在学校学过的知识，她都会给孩子再讲一遍，孩子没学到的内容，她总会提前给孩子预习。

她一向很重视英语。一般来说，孩子上小学才会接触英语，而她从孩子刚会说话就开始教了，每天都有意识地用英语与孩子对话，不断纠正着孩子的发音。

她的孩子在幼儿园的表现完全像个小神童。刚上小学时，也总是考班级里的前三名，可是小学毕业时，却是倒数第十名。上初中后就更让她失望了，就连从小就学的英语，也总是考不及格。而且现在孩子的性格特别内向，既不听话，又没有一点儿主见。

一天聚会后，她邀请我去她家做客，顺便让我看看她的儿子。到她家后，是她儿子开的门，礼貌地叫了我一声“阿姨”，然后转身去书桌前写作业。她的妈妈虽然一直在和我聊天，我感觉她的心总是在孩子身上，不时地提醒孩子，“写完语文作业写数学，一会儿我要检查。”“放学进门洗手了吗？一定要讲究卫生。”“告诉过你别穿那双拖鞋，和你的家居服不配。”

当妈的都操心到了这个程度，看着她的那份用心，我真的不忍心批评她，但是最后我还是不得不说：“其实，改善的方法很简单，但我怀疑，正因为简单，你恐怕难以做到，或者说你根本就不愿意去改变。你的问题就是对孩子的要求太高，想要改变就不要给孩子那么大的压力。”听完我的话，她若有所思。

记住，凡事过犹不及，即便你的孩子真的是神童，父母过多的要求，过多的限制，也能让孩子变得普通。因而，父母千万不要对孩子施加过重的压力，给孩子太多的限制，这样做并不是挖掘孩子的潜力，从某种意义上说，甚至是对孩子潜力的一种扼杀。

再说，世界上哪有那么多的神童。很多所谓的“神童”，绝大多数都是成年人用残忍的方式培养出来的，这样的孩子即便在某一科目上取得了一定的骄人成绩，也很难一直保持下去。

更为严重的是，很多孩子因为父母的期望值过高，长期处于一种高强度学习、高心理压力的状态下，自然而然产生厌烦心理。轻者沉默寡言，对什么都失去兴趣；严重的甚至会引发心理疾病，对孩子的健康成长造成极大的危害。

当然，我们也不否认，世界上确实有神童的存在，但是我们也应该意识到，真正意义上的神童毕竟只是极少的特例而已。如果不顾一切塑造所谓的神童，只能让孩子失去自由发展的空间，失去童年所应该享有的自由和快乐。

为父母者，给孩子提供一个很好的成长环境，给他最适宜的教育，顺其自然发挥孩子最大的潜能就可以了。如果面对一个智商处于常态水平的孩子，非要把他培养成神童，这是不可能的，也是没有意义的。

超前教育：不符合教育规律

在培育孩子的路上，有些父母总是太过于着急，恨不得把所有的知识塞给孩子，恨不得一夜之间让孩子学会所有的才艺。

网络上曾经流传一段家长自拍孩子背乘法口诀的小视频。视频中的小姑娘长得很可爱，只有四五岁的样子，每次背诵到“三五十五”的部分都会背错。小孩的父母在一旁一个劲儿地催促，小女孩委屈得边哭边背。最后，小女孩还是背不出“三五十五”，拖着哭腔喊道：“三五，三五，太难了。”用成年人的眼光来看，视频中小女孩的样子憨态可掬，惹人发笑。如果换位思考，站在孩子的角度想呢，小女孩当时该是多么的无助、难过，甚至丧气。这个视频反映了一个非常严重的问题：超前教育。

超前教育，是指不符合年龄段的教育。有的父母总是对自己的孩子寄予厚望，渴望自己的孩子在同龄孩子中能脱颖而出，能想到的办法就是超前教育。让自己的孩子学习更多的知识来达到看上去“比其他孩子更聪明”的状态，现实生活中，超前教育随处可见。比如，有的父母从孩子上幼儿园开始，便让孩子学英语、学奥数……想方设法让孩子“出类拔萃”。一些早教机构、辅导班为了迎合家长的这种心理，纷纷做出各种承诺，有一家早教中心甚至打出“2岁识字，3岁阅读，7岁读初中，15岁上大学”的标语。

事实上，过早地让孩子认识几个字、背几首诗、会简单的加减法计算，这些都是机械记忆，孩子完全不理解这些知识，写错背错算错是难免的。强迫孩子超前学习一些对他们来说并不理解的知识，会让孩子过早地品尝失败的滋味，体验到无能感和挫折感。长此以往，孩子的自我评价就会产生偏差。所以说，这种以牺牲孩子的自信心为代价的超前教育是不可取的。

有的家长可能会说了，别的孩子都在超前学，自己的孩子不超前学就会被落下了。其实，这些家长完全不用担心自己的孩子会被落下。研究发现，超前学习只能产生即时效应，难以长久维持。超前学习的孩子，一般都没有后劲儿，始终超前学习会让孩子很累，一旦停下来，就容易落在正常学习的孩子后面。

就拿一只小鸟来说吧，如果小鸟的翅膀还没有长出羽毛的时候，鸟妈妈就硬赶着小鸟飞出鸟巢，结果只能是小鸟摔到地上，严重的话可能会摔死，即使没有被摔死，可能也永远丧失了飞翔的胆略。同样的道理，孩子的许多能力是在成长中的某一段时间才会出现的，过早地将孩子还不具备的能力强加于孩子，只能打乱孩子的正常成长秩序，引起孩子内心的困惑和恐慌，特别是面对大人殷切的目光时，他们会为自己达不到大人的要求而感到害怕，对自己的能力产生怀疑，这种不自信将贯穿孩子的一生。

超前教育不仅会让孩子越来越不自信，丧失求知欲，还会让孩子失去创造力。因为接受超前教育的孩子总是忙于超前学习，没有太多的自由，会错失很多自己感兴趣的东西，这样的孩子不可能有独特的发现和创造力，只是被动地接受知识灌输。

美国儿童文学作家贝特西说过："孩子就像花蕾一样，有不同的花期。"所以，养育孩子，不能着急。孩子成长过程中，具有自我塑造、自我展现的能力，就如一颗种子里藏着根茎、叶片和花朵一样，阳光、水分和温度适合了，它自然会长出嫩芽。但如果我们把"揠苗助长"当作这个生命生长的"肥料"去用，那就大错特错了。

1942年8月，老舍先生曾写过一篇叫作《文艺与木匠》的文章，其中有这么一段："我有三个小孩。除非他们自己愿意，而且极肯努力，作文艺写家，我决不鼓励他们；因为我看他们作木匠、瓦匠，或作写家，是同样有意义的，没有高低贵贱之别。"

很多父母将孩子的成长与成才画等号，一路催逼，直奔成才，甚至将成才恶俗化，认为成才就是上好的学校。其实，社会是需要多方面、多层次的人才的，而不是只有高校出来的孩子是人才。记住，世上千百行，行行出状元。

父母逐步退场是对孩子这个独立个体最好的呵护，让孩子选择自己的“花期”，是对孩子最大的尊重。

总之，超前教育不符合教育规律，容易打乱孩子的正常成长秩序，它不仅不能让孩子赢在起跑线上，还容易透支孩子的天赋潜能，这种以断送孩子前程为代价的教育是不值得提倡的。

假如你的孩子始终没有开花，也许他原本就是一棵树，就让他顶天立地吧；假如你的孩子不能成长为参天大树，那就让他做一棵默默无闻的小草吧，他一样可以给世界带来盎然的绿意；假如你的孩子不能成为一片汪洋，那就让他做一朵浪花吧，他同样可以带给大海跳动的喜悦。要知道：花有花的芳香，树有树的挺拔，草有草的生机，水有水的律动。

不要总是像监工一样监视着孩子

孩子的自信心和决断力不是与生俱来的，要想让孩子具备这方面的能力，父母应该懂得放手，早给孩子锻炼的机会，让孩子多经历一些事情。

如果父母只知道站在成人的立场上，用成人的主观判断为孩子分析问题指明方向，告诉孩子应该如何去做，或者不应该如何去做，不给孩子任何锻炼的机会，那么父母无形中就是在扮演监工的角色。“监工”教育出来的孩子，多数自信心不足，判断能力也比较差。

法国大思想家卢梭说过：“为了使一个孩子能够成为明智的人，就必须培养他有自己的看法，而不能要他服从我们的看法。”所以，作为父母，应该丢掉成年人的主观判断，以孩子的眼光来看待他们的世界，并给予适当的引导，使他们通过锻炼，增强自信心；通过总结经验，做出正确的判断。

有些父母，当孩子与小朋友玩耍的时候，他们在旁边看着孩子怎么玩儿；当孩子学习的时候，他们就坐在孩子的身边看着孩子怎么学。即使孩子要休息了，他们还是不肯放松，一定要给孩子规定时间，不让孩子休息一会儿。

有一次，晚上10点多我在街上巧遇邻居家的孩子牛牛，他今年12岁了，上小学五年级。我问他为什么这么晚了自己一个人在街上闲逛，起初他不肯说实话，在我的一再追问下，他支支吾吾地说："我就是想出来透透气，我觉得我就像家里的犯人，爸爸妈妈时时刻刻监督着我，我觉得自己太压抑了。"

他们家的情况我多少有所了解，看来孩子实在是承受不住压力了。牛牛的爸爸是一名高中教师，妈妈是一名小学教师。他们对牛牛管得特别严，这我是知道的。但是，已经这么晚了，孩子一个人在街上逛，实在是不安全，必须先让他回家再说。

于是，我对牛牛说："爸爸妈妈也是为你好，你先回家，他们一定急坏了。"

"阿姨，我不想回家。不管我干什么，都觉得我背后有双眼睛在盯着我，那种感觉太难受了。我真想离家出走，出去流浪算了。"牛牛难过地说。

我没想到牛牛的身心已经遭受到如此大的伤害，我真的很想帮助他。经过我耐心地劝说，牛牛最终愿意让我把他送回家。推开他家门的那一刹那，看到他的父母早已急得如同热锅上的蚂蚁。一遍一遍质问牛牛："这么晚了你去哪里了？为什么不跟我们说一声？"

牛牛只是站在我身后，一句话也不说。待孩子回自己的房间后，我与牛牛的父母进行了一次长谈，告诉他们牛牛离家的原因。牛牛的父母起初不认为是他们的教育有问题，直到我把牛牛对我说的话原封不动地转述给他们后，他们吓得直冒冷汗。牛牛是家里的独苗，是全家的希望，要是他一时想不开，真的离家出走，这个家就垮了。

最后，我对牛牛的父母说："我们都曾经是孩子，都知道自由对于孩子来说是多么的可贵。孩子从骨子里是不喜欢像监工一样的父母的，他们最多表面上听父母的话，内心绝对在抗议。当孩子感觉自己已经被逼到一定的份上，就会采取极端的方式（如：离家出走、失踪，甚至自杀）让自己解脱。所以说，时时刻刻监督着孩子，不是在塑造好孩子，而是在瓦解好孩子。”

牛牛的父母被我说得频频点头。

现实生活中，有一种非常普遍的父母监工的现象——监督孩子写作业。

孩子开始上学后，放学回家父母问的第一句话就是：“今天的作业做完了吗？”

作业本来应该是孩子自己的事，如今仿佛成了家长的事。有些家长对作业的重视，已经到了令人费解的地步。有的家长放弃自己的一些活动，天天陪孩子写作业。这样做的目的，一是怕孩子不写，二是怕孩子写不好。他们希望通过陪读的方式让孩子规规矩矩地写作业，进而提升学习成绩。

对于是否需要陪孩子写作业这个问题，教育界意见不一。我认为，对于特别小的孩子来说，适当地陪一陪是没有问题的。孩子太小，家长陪伴在身边，可以给孩子以安慰和指导。其实，陪不陪孩子写作业也要根据孩子的情况而定，有的孩子比较依赖父母，父母不陪着就一点都坐不住，希望父母陪着写作业。遇到这种情况，家长可以适当地陪一段时间，但是一定要想办法及早地抽身，父母不抽身，孩子的独立性永远培养不起来。

父母一直在旁边看着孩子写作业，这本身就是对孩子的不信任，不相信孩子自己可以写好作业，容易让孩子养成依赖性，甚至不会认真对待写作业这件事。反正写完了父母要检查，反正错了父母会指出来的，反正不会了父母会告诉自己怎么做，为什么还要认真去写呢？

对于那些独立性很强的孩子来说，家长总是陪着写作业简直就是一种折磨。通过调查了解我发现，大一点儿的孩子其实都不喜欢父母陪着写作业。因为父母坐在旁边，看孩子写得不好，总是忍不住唠叨：“好好写，把本子放正了。”“那个字写得不好看，重写！”或者看孩子磨洋工，忍不住督促：“快点写，你看都几点了？”“你快点写，能不能不磨蹭了？”这样的碎碎念，会让孩子产生逆反心理。

总之，即使父母的期望再高，也不能扮演孩子的“监工”，而要选择良好的教育方法帮助孩子成长。

不以成绩论成败，解除分数“紧箍咒”

学生时代，既是人生中最快乐无忧的时代，又是集中精力学习知识的黄金时代。学习的重要性不言而喻，但是把学习看成一切就是不对的。很多父母“唯成绩论”，也不管实际情况如何，只要孩子的成绩不理想，就开始给孩子念“紧箍咒”。

我认识的一个小朋友乐乐，从小学习成绩就很好，在班上一般都能考到前三名，每次考试结束以后，父母都会夸奖他一番。乐乐一直很自信，很乐观。

后来乐乐的爸爸调动工作，一家人跟着搬了家，乐乐也转到了一所重点小学。因为学习环境的改变，加上学校集中了各地的优等生，学习的压力一下子就大了，这让刚刚转学的乐乐有些不适应。

爸爸因为刚刚换工作，妈妈因为刚搬家，都没来得及花过多的时间过问乐乐的学习情况，乐乐依然和以前一样有条不紊地学习。期末考试的时候，虽然乐乐在考试的分数上与以前相比没有什么太大的变化，可是班级排名时却排到了十名之外。

学习环境改变了，竞争对手改变了，排名有所下降也是正常的。但是乐乐的父亲却不这样认为，得知乐乐的成绩之后，十分生气，大声地斥责了乐乐，并严重警告乐乐，让他下次一定要考进前三名。

被父亲训斥以后，乐乐的心理压力非常大，这使他失去了往日的自信。每次小测验的时候都紧张得要命，越是紧张越发挥不好，成绩出来越不理想。在下一次期末考试时，成绩滑到了全班的二十多名。

放学后，乐乐一个人在街上漫无目的地走，他不敢回家，不敢面对眼里只有成绩的爸爸。

“考考考，老师的法宝；分分分，学生的命根。”这句话已经流行了很多年。时至今日，中国家庭对孩子的教育大都仍属于分数教育。分数教育使得父母紧盯孩子的分数不放。其实，与孩子的健康成长比起来，学习成绩和分数没有那么重要，一次考试说明不了什么，况且这次没考好还有下次。

大宝的学习成绩一直还不错，但是也有考不好的时候。他上二年级的时候，期中考试数学只考了75分。

那天放学回家后，我见他紧皱着眉头，一副心事重重的样子，就问道：“怎么了，大宝？发生什么不愉快的事情了？”

大宝从书包里拿出数学考试卷对我说道：“妈妈，我数学没有考好。”

我扫了一眼卷子，装作若无其事地说：“儿子，别难过，我相信，你下次一定能够考好的。”

大宝惊奇地看着我，本以为我会训斥他的，疑惑地问道：“妈妈，我没考好，你不批评我吗？”

我笑着说：“一次没考好有什么关系，我相信这次没考好肯定是有原因的，一会儿把做错的题目重新做一遍，下次争取考好一点就可以了，我对你有信心。再说了，成绩不能说明一切。”

大宝开心地笑了，我摸摸他的头也笑了。

如果孩子没考好，父母只要告诉孩子，尽力就行了，并帮助孩子找出失利的原因，不要给孩子太大的压力。人生的道路上，输得起的人，才能赢得起，何况一次没考好，并不能算输。所以我从来不要求大宝一定考个好分数。

唯分数论，不会对孩子产生良好的内在动力。从孩子上小学起，父母就开始追求分数，会使孩子形成畸形的学习动机，认为学习只是为了考试，考试就是为了有个好分数。如果父母的要求过高，孩子总是达不到父母的分数要求，父母一遍又一遍地训斥，逐渐会降低孩子的学习兴趣，没有了学习兴趣，别说让孩子考个好分数了，可能他连考试这件事都会觉得厌烦。

因而，父母在教育孩子的过程中，要学会放手，不要逼孩子逼得太紧；要学会移开自己的眼睛，不要紧盯着孩子的分数。给孩子一个宽松的环境，让孩子健康成长才是最重要的。

别用孩子的表现当家长的面子

家长聚在一起，总喜欢拿自己的孩子出来比比。比谁家的孩子更聪明，谁家的孩子成绩好，谁家的孩子更有才华，谁家的孩子考上了重点学校。更有甚者，一天到晚把孩子挂在嘴上，三句话离不开孩子。

有这样一位母亲，自认为自己的孩子比较优秀。平时和同事们在一起谈论最多的就是孩子问题，弄得很多同事一听见她提孩子就反感。同学、朋友聚会她也喜欢带上孩子，向同学、朋友炫耀自己的孩子。孩子还小的时候，喜欢让孩子给大家背古诗以赢得掌声；孩子大了以后，喜欢让孩子唱歌、跳舞以赢得掌声。

喜欢用孩子的才艺往自己脸上贴金，这是中国父母的一个陋习。当孩子在别人面前为父母挣足了面子，让父母觉得脸上有光的时候，父母就会对孩子宠爱有加。当孩子让父母在众人面前丢面子的时候，父母就会情绪失控地对孩子大呼小叫。殊不知，这样做不仅伤害了孩子的“面子”，还伤害了孩子的心灵。

学校要公布高一第一次模拟统考的成绩了，杨洋的妈妈很紧张，她很害怕杨洋考不好让自己丢面子。

杨洋一进家门，妈妈就迫不及待地问：“怎么样？考得怎么样？”

杨洋一边放书包，一边回头说：“妈妈，考得还可以，就是……”

听到这里，妈妈脸上的笑容一下子不见了，打断杨洋的话：“‘就是’什么，我的要求是不能低于90分，你别‘就是’，快告诉我结果！”

听了妈妈的话，杨洋显得有些不安了，躲闪着妈妈急切的目光，说道：“除了英语，都90分以上。我觉得这次英语太难了，我考了88分……我们班还有很多不及格的呢……”

妈妈一听，就生气了，大声说道：“就知道跟比你差的人比，没点儿上进心！难道全班没有一个90分以上的吗？”

杨洋小声地回答：“有。”

妈妈这回可抓着理了，继续提高声音道：“别人能考90分以上，你怎么就不能？你觉得题太难，别人觉得就不难吗？为了让你进入这所高中，我跟你爸费了多大的劲。将来要想考上一所好的大学，每门功课都不能低于90分，最好平均分在95分以上，记住了吗？你居然考了80多分，邻居们提起来我都不好意思跟别人说。”

杨洋小声嘟囔着：“不光是我觉得英语太难了，老师也这么说。”

妈妈根本不听他的解释，“噌”的一下站起来，伸出食指点着杨洋的头说：“别给我找理由，我告诉你，我不管题目难不难，我要的是最后的成绩！考这么点分，我的脸都觉得臊得慌。”

自此以后，每天妈妈都催促杨洋在英语上下功夫，还给杨洋报了一个英语辅导班，妈妈越是这样，杨洋对英语越是反感，结果英语成绩越来越差了。

“望子成龙，望女成凤”是天下父母的愿望。作为父母，谁都希望自己的孩子更加优秀，谁都渴望孩子成为自己的骄傲。要是孩子某方面比较优秀，家长谈论起来必将是眉飞色舞，得意之情溢于言表；孩子某方面不如同龄人，不是保持缄默，就是低声叹息，总觉得矮人三分。

因而，我们经常能听到这样的念叨：“不错，这次你可为爸爸妈妈争足了面子，我们总算没有白辛苦！”或者“你真没出息，居然这么简单的事情都办不好？”称赞也好，斥责也罢，总之，在一些父母心目中，孩子的表现直接跟父母的面子挂钩。

孩子某方面出现了问题，理应得到父母更多的关爱。父母的训斥，无疑雪上加霜，从一个侧面也反映出父母教育的错误。父母的训斥，会使孩子在无形之中丧失应有的尊重与信心。而且，在目前的教育机制下，孩子本身已经有很大的压力，作为父母，又为何狠心再给孩子加上“为父母挣面子”的压力呢？

每个人都是独立的个体，都有自己的人生梦想，孩子虽然小，其实也是一样的。孩子不是父母生命的延续，更不是父母的升级版本，而是一个崭新的生命，他们要走一条崭新的属于自己的人生道路。因而，父母为了实现自己未能实现的梦想，把孩子当成了弥补自己人生遗憾的工具，要求孩子为父母争面子，是糊涂的行为。

所以，作为父母，千万不要带着过高的期望，给孩子施加太大的压力，孩子的童年只有一次，不要让他们整日在抑郁中度过。对孩子始终要有一颗宽容的心，不要因为孩子偶尔的一次失误而感到脸上无光，更没必要为此而气急败坏。

夸孩子努力而不是夸孩子聪明

人生有一条规律：越努力越幸运。人生也有一种不幸：聪明反被聪明误。因而，我们夸奖孩子的时候，最好夸奖孩子的努力，而不要夸奖孩子的聪明。

然而，很多父母却恰恰相反，总是把聪明挂在嘴上。孩子的父母为什么喜欢夸孩子聪明呢？我总结了一下，可能有这两种原因：一是，“孩子总是自家的好”的心理作用，有的父母就是这样，怎么看都觉得自己家孩子好，自己家孩子聪明，因而整天夸奖孩子聪明不离口；二是，殷切的希望心理在起作用。聪明是智力的表现，是一个人的重要资本，从孩子到大人，人们都会因为自己拥有这一资源而自豪。所以，很多父母鉴于此，总是习惯性地夸自己的孩子聪明。

父母经常夸奖自己的孩子聪明，很容易让孩子形成一种错觉，以为自己天生就比别人强，学什么都能一学就会，不需要努力就能取得成绩。在这样的心理之下，很多孩子在该努力的年纪选择了安逸，到了该安逸的年龄只能承受比别人更多的辛苦。

一位到北欧某国做访问的学者曾经历过这样一件事：

一个周末的晚上，学者到当地的一位教授家中做客。一进门，就看到教授5岁的小女儿正在那里搭积木，积木搭得很有创意，学者觉得这个小女孩很聪明。当他把自己带去的礼物送给小女孩的时候，小女孩道谢后，他向小女孩夸奖道："你真是个聪明的孩子，真是太聪明了！"

这种夸奖在中国是很常见的，也是中国父母非常喜欢的，但是，那位北欧教授却并不领情。在小女孩离开后，教授郑重其事地对学者说："你伤害了我的女儿，你应该向她道歉。"

学者非常惊讶，说道："我只是夸奖她聪明，并没有伤害她呀！"但是，教授摇了摇头："聪明这件事，不是她的功劳，这取决于我和她母亲的遗传基因，与她个人基本上没有太大的关系。她还小，不会分辨，你夸奖她聪明，她会认为这是她的本领。而且她一旦认为天生的聪明是值得骄傲的资本，就会看不起那些不聪明的孩子，这会让她产生错觉。"

教授耸了耸肩又说："其实，你可以夸奖她有礼貌，因为这是她努力的结果。所以，请你为你刚才的夸奖道歉。"

通过这件事，让学者明白了一个道理：夸奖孩子的时候，要夸奖孩子的努力，而不应该夸奖孩子的聪明。因为聪明是先天的优势，而不是值得炫耀的资本和技能，但努力则不然，它是孩子后天的，应该予以肯定。

记住，聪明往往只能决定一时的成败，而努力则决定了一世的幸运。所以，父母应该夸奖孩子的努力而不是聪明。应该对孩子的努力给予最热情的支持和鼓励。不要因为自己孩子不聪明而气馁，而应该因为自己孩子不努力而担心。

父母期望过高，无视孩子的努力，仅仅因为孩子没有达标，就全盘抹杀孩子所付出的辛苦，这是对孩子的一种伤害。

暑假开始后，我所开的作文班接收了一批新学生。在这批孩子中，有一个叫李铭的小男孩引起了我的注意。这个孩子非常乖巧，虽然刚开始的时候总是写不好，但后来慢慢地进入了状态，写得越来越好，我觉得这个孩子很有潜力。

可是，过了两个星期，我发现李铭没有再来。我感到非常奇怪，于是拨通了李铭家的电话，接电话的正是李铭。

“李铭，为什么没有来上课呢？”

“妈妈不让我去。”李铭小声地说。

“为什么不让你来呢？”

“妈妈认为我学不好，再学下去也是耽误时间。”

“怎么会呢，你很努力，进步也很快，妈妈为什么会这么说？”

“我每次从老师那回来，妈妈都让我给她写一篇作文。每次写完，妈妈都说我笨，写得不好，朝我发脾气，就不让我学了。”

李铭正说着，他妈妈抢过电话，对我说道：“我觉得李铭太笨，根本写不好作文，补也没用。”她居然给孩子这么负面的评价，我实在无话可说。

孩子在学习或者生活中总会有一些让父母不满意的地方。例如，成绩没有别人好，做事没有别人快，脑子不如别人灵活，但是，孩子肯努力，这才是更重要的。

孩子的智商很大一部分是由先天因素决定的。大多数情况下，努力才是决定孩子今后生存状态的重要因素。

“所谓天才，是百分之一的聪明加百分之九十九的勤奋！”很多情况下，父母应该故意淡忘孩子的聪明，重视孩子的努力，并把这种理念传递给孩子，让他们感觉到只有努力才能获得父母的赞扬。

在孩子看来，只要自己肯努力，父母就应该是高兴的，就应该表扬自己。可是有些父母不会站在孩子的角度看问题，总是用大人的标准要求孩子，因此孩子很多时候很难达到父母的要求。这样一来，孩子就不再努力，就会产生自己没有用的想法。

所以，父母随时都要看到孩子的努力，尤其是在孩子表现不好或者成效不明显的时候，不要打击孩子的信心和积极性，而是应该善于发现孩子的进步，哪怕是一点点的进步，对孩子的表现给予宽容，对孩子的进步给予赞扬，这将会让孩子建立或者重建做好事情的勇气和信心。

第6章

唠叨太盛
——容易让孩子产生“零反应”

如果你正为“怎么说，孩子都不听”而烦恼，那是因为你说得太多了。

父母唠叨得太多了，容易让孩子分不清主次，不知道听哪一句话好。

最好的教育可以使人具备活力、
勇气、敏感以及才智。

——罗素

别做孩子眼里的“啰唆老太婆”

大宝3岁的时候，有一天，在外面玩，不小心将沙子扬到了停放在小区的车子上，我就说了他几句。没想到他拉着长调说：“知道了，啰唆老太婆。”

孩子的话让我一怔。当时他只有3岁，我没想到他会冒出这样的话。我仔细回想，原来是他经常看的一部少儿电视剧《巴啦啦小魔仙》里，魔仙王子经常管魔仙小蓝叫啰唆老太婆。没想到这孩子这次却用到了我的身上。

大宝说的这句话，对我的触动还是挺大的。由于自己就是搞教育的，在很多方面我还是比较注意的。没想到在孩子眼里，我仍然是有些啰唆了。

其实，中国父母有一个通病，那就是喜欢唠叨孩子。唠叨有用吗？有用也是微乎其微的，负面作用倒是不小。遇到问题，中国父母总是习惯性翻来覆去地说，结果让事情变得越来越糟。

其实，父母的唠叨，一旦激起孩子的逆反心理，结果也只能事与愿违了。

朋友家的孩子姗姗小学的时候成绩不错，姗姗妈妈经常引以为傲。可自从上了初中开始，成绩就不那么理想了，因为姗姗喜欢上了看课外书。每天放学回家后，姗姗总是迫不及待地拿出课外书，并且看得津津有味。

一天我去她家串门，与姗姗的妈妈在客厅里聊天。姗姗放学后，像往常一样，将书包往写字桌上一扔，就走到书架前抽出一本课外书。

姗姗妈妈看见了，气不打一处来，冲姗姗吼道：“看，就知道看课外书。你作业写完了吗？写完作业再看。”

我赶紧拦着她：“你少说两句，她愿意看就让她看一会儿。”

“你是不知道，这孩子……”姗姗妈妈向我讲了一堆姗姗的不是。

姗姗听了，头也不抬地说道：“你别啰唆了，我看完这个故事就写作业，也就10分钟吧。”

“10分钟，这可是你自己说的。10分钟之后要是你还没写作业，看我怎么收拾你。”

可是3分钟还不到，姗姗妈妈起身走了过去：“你快点看，看完赶紧写作业，不快点写作业，怎么吃饭。这一天一天的，跟你老操心了。”

“你别说了，让我安静地看一会儿吧。”姗姗无奈地说。

“你让她看吧，看课外书对学习也是有好处的，增加阅读量，孩子写起作文来才会得心应手。”我替孩子辩解道。

“我也没见她作文写得多好，整天就知道看这些乱七八糟的书，看点作文书也行啊。”

姗姗没有理妈妈，继续看手里的书，看得出她有些心烦。

姗姗妈妈继续回到沙发上与我聊天，但是明显感觉到她心不在焉，时不时地看向姗姗。

又过了3分钟，姗姗妈妈又站了起来，走到姗姗面前，说：“差不多了吧？先把课外书放一放，先写作业。写完作业，吃完饭，要是还有时间的话你再看。”

姗姗撅着嘴说：“说好的给我10分钟，你怎么又变卦了？”

“好，好，好，给你10分钟，你最好快点。要是超过了10分钟，我就把你的课外书撕了。”说着又坐回沙发。

“你不用这么严，孩子都上初中了，该做什么不该做什么心里有数，别老说她，说多了她该烦了。”我好心劝道。

“她烦？我还烦呢。人家孩子都是一回家就写作业，我们家的这个倒是好，总是先看课外书，作业一推再推。不能好好利用时间，这成绩能保住吗？这成绩不好，将来就很难上重点高中，不上重点高中就很难上好的大学，上不了好的大学就找不到好的工作，没有好的工作我们的晚年可……”

没想到就因为姗姗喜欢看课外书，她就能联想到那么远。

见妈妈一直唠叨个没完，姗姗课外书也看不进去了，索性掏出作业本开始写作业。可是，心里又惦记着没看完的课外书，写了一会儿，又偷偷看那本课外书，反反复复……姗姗妈妈看见了，顿时大发雷霆，又开始了长达半个小时的唠叨。

孩子喜欢看课外书本是好事，鼓励还来不及呢，怎么像犯了很大的错一样反倒被批评。孩子说看10分再写作业，就给她10分钟，要相信孩子。约定的时间没到，一再催促，这本身传达的就是一种不信任。另外，父母要说话算话。既然约定了10分钟，就不要中途再变卦，父母说话不算数，容易让孩子瞧不起。最重要的一点是，不能对孩子唠叨起来没完。父母不停地唠叨，容易让孩子感到厌烦。

心理学研究表明，反反复复说同样的话，会让人产生一种习惯性的模糊听觉，也就是明明在听，却根本没往心里去。这是因为长期重复听同样的话而产生的一种心理上的不在乎。在孩子身上表现出来的就是“零反应”。

孩子一表现出“零反应”，父母就抓狂了。因而，经常看到有的父母面目狰狞地一遍又一遍地问：“我说话你到底听没听见？听没听见？听没听见？”

如果孩子真的听见了父母的唠叨，那也不是什么好事。唠叨容易使孩子产生深深的挫败感，当这种挫败感超过了孩子所能忍受的最大限度，就容易产生逆反心理。

为什么好心会变成“驴肝肺”

有很多父母找我诉苦，说自己对孩子一片好心，但是孩子就是不理解，好心怎么就变成了“驴肝肺”呢？让这些父母进一步讲他们的“好心”都体现在哪里，我就发现了这样一个问题：他们都有一个致命的问题，那就是关心过度，唠叨过盛。

其实，人们在社会中大多数时候需要的是一种平常的生活状态。如果父母总是过于紧张孩子，孩子受到过多的关心，时时刻刻感受着父母的殷切期望，便会患得患失，担心万一自己哪一方面没做好父母就会很失望，因而承受着很大的心理压力。所以，父母没必要因为关心孩子而耳提面命地唠叨，让孩子像不能停歇的陀螺一样，跟着父母的唠叨转。

不可否认，大多情况下，父母的唠叨都是出于对孩子的关心。但是唠叨让人厌烦，这是不争的事实。父母出于对我们的关心，天气凉了，总是不忘提醒我们多穿点儿，记得早点把秋裤穿上，要不然着凉了，得了老寒腿，老了就遭罪了。像我们这个年纪，都能理解父母的良苦用心。父母的这种关心，会让我们的心里很温暖。但是，如果我们的父母太唠叨，总是说我们这里做得不好，那里做得不对，我们也会烦的。

我的母亲就是一个爱唠叨的人，而且岁数越大越爱唠叨，我穿衣服她喜欢唠叨，我做饭她喜欢唠叨，我花钱她也喜欢唠叨。其实，从内心深处来说，我是不喜欢被她唠叨的。但是我理解母亲的唠叨，像她那么大岁数想要改掉这个习惯已经不可能了，而且随着岁数的增大，她渐渐回归了孩子的状态。但是，小孩子就不一样了，父母虽然也是出于关心而唠叨他们，但是他们的心智还不够成熟，不能理解父母唠叨背后的深意。他们只会感到厌烦，只会觉得压力大。

我们大人压力大了，会想办法减压，孩子压力大了，只能憋屈在心里，如果父母不能及时地给孩子减压，孩子的心理健康就会出现问题。

就拿高考这件事来说吧，随着高考的临近，一些孩子吃啥啥不香，怎么睡也睡不着。“高考综合征”就像一个魔鬼一样，困扰着即将面临高考的孩子。这个时候，父母要做的是帮孩子淡化高考这件事，告诉他这只是人生多次考试中的一个，以平常心对待就可以了。

但是，很多家长的做法却与此截然相反，从内心深处，他们极其重视孩子的高考，甚至比孩子还紧张。总是对孩子有诸多的不放心。要么怕孩子营养跟不上，只要听说哪种保健品好，就千方百计买来；要么怕孩子复习不全面，到处打探消息，收集考试题目，唯恐有复习不到的地方，要么每天像念经一般地对孩子念叨：“离高考还有21天了，你要加油了！”“努努力，你一定要考上重点大学！”“模拟考试中，你一定要在班里考进前几名！”“十几年的学习，关键就在这次考试，你一定要好好把握！”“你什么事都不要做，只要好好复习就行了。”“你看你大姨家的孩子考了个好大学，你一定要像他一样！”“咱们这一家子可都看着你这次高考了！”“我明天去跟你们老师谈谈，看看你还应该买些什么复习资料！”

当然，父母这样做，都是出于对孩子的关心，关心孩子的身体，关心孩子的学习情况，往大了说就是关心孩子的未来前途。可是，父母的这种关心真的对孩子有帮助吗？其实，父母的过度关心对即将高考的孩子来说，不但不会有帮助，而且还会帮倒忙。

对于高考这件事，学校、社会已经宣传得够到位了，孩子很清楚高考对于他们的重要性，他们的心里已经够焦虑了，父母还整天唠叨，这会给他们很大的心理压力。

一些孩子之所以有心理问题，都是父母过度关心的结果。多项调查资料显示，高三孩子感到最重的心理压力多是来自于他们的父母。其实，这不难理解，对于孩子来说，父母是他们最重要的人、最在乎的人。面对父母，他们当然很想做好，这种很想做好但是又未必能做好的矛盾，让他们痛苦不已。

因而，我建议家里有高考生的家长，要始终保持一颗平常心，多关注孩子的情绪和心理，不要整天唠叨高考这件事，给孩子增加太大的压力。

如果真的为孩子好，做父母的就要管住自己的嘴，不要总是用唠叨去打扰孩子的平静。不要担心自己关心少了，孩子就会出什么问题，或者认为自己做父母做得不够格。事实证明，孩子都有积极向上的本能，父母唠叨得越少，孩子的这种本能欲望越强，父母唠叨得过多，反而会压抑这种本能。

所以，父母对孩子的关心绝对不能过度。关心一过度，唠叨就产生了，好心就会变成“驴肝肺”了。

一味地说教，孩子会选择性失聪

家庭教育中，经常会出现这样的情况，每当孩子做得不是很好的时候，父母就开始唠叨孩子，结果父母说了一次又一次，可是孩子就好像没听见一样。

有一位这样的母亲，当她的孩子有些事做得不大好，或者考试成绩有所下降的时候，她就会反复告诫，一再提醒孩子。比如，孩子起床稍微起晚一点，她就会一遍又一遍地说："你不看看什么时候了，怎么还不起来？俗话说得好，一年之计在于春，一日之计在于晨，你这可倒好，你看现在都几点了？"晚上孩子稍微晚睡一会儿，她又开始一遍又一遍地说："你看都什么时候了？赶紧睡觉去，明天还得早起呢。不休息好，怎么能做好事情。"结果怎么样？孩子因为她的唠叨每天都按时起床了吗？都按时睡觉了吗？没有。孩子该晚起的时候还是晚起，该晚睡的时候还是晚睡，任凭母亲不厌其烦地唠叨。

生活中这样的例子举不胜举，父母每天苦口婆心地对孩子说教，但是效果并不理想。表面上看，父母与孩子正在谈话，殊不知，这只是大人单方面的说教。

父母说教最常见的开场白就是："我说过多少遍了……"绝大多数的孩子对父母的这种说教都很反感，孩子的心中一旦有了反感，教育的效果可想而知。

辰辰是一个很特别的孩子，小时候活泼开朗，谁都喜欢逗他。辰辰的父母都没有什么文化，下岗之后找不到太合适的工作。父亲买了辆三轮车，在街上蹬车拉客。母亲从批发市场批了些袜子、手套等小玩意儿，摆路边摊。为了一家人的生活，辰辰的父母起早贪黑，这些辰辰都看在眼里。

辰辰父母深知自己就是吃了没有文化的亏，于是将全部的希望都寄托在辰辰身上，希望他能好好学习，长大后给他们争口气。

辰辰父母下岗的时候，辰辰已经上小学二年级了。他们对辰辰的管教越来越严，每天都会反复跟他说，如果不好好学习，将来就会和父母一样，干最低等的工作，挣最少的钱。

原本性格开朗的辰辰，在父母的说教之下，越来越自卑，越来越孤僻。成绩不但没有提高，反而还有下降的趋势。

转眼之间，辰辰上初中了。父母的说教比以前更频繁了，然而辰辰好像已经对父母的说教产生了免疫力，任凭父母怎么说，自己该怎么做还是怎么做。

辰辰成绩下降明显，母亲知道后，非常生气，跟他讲了一大堆的道理。母亲讲道理的时候，辰辰坐在那里一声不吭，好像听进去了，又好像没听进去。

母亲反反复复地说：“我说过多少遍了，让你好好学习，不学习将来只能像我跟你爸一样，每天都那么辛苦，你怎么就是不听呢？”

母亲说累了，辰辰回到了自己的房间将门反锁上，不知道他心里到底想些什么。

一天晚上，父亲在街上蹬三轮车拉客，发现几个流里流气的半大小子正调戏一个女孩子，让他感到惊讶的是，其中居然有自己的儿子辰辰。

辰辰的父亲扔下三轮车，跑上前去，揪着辰辰的耳朵，将辰辰拽回家。回家后，父亲把辰辰结结实实地揍了一顿。事后，母亲搂着辰辰，哭着哀求他要争气，不要学坏，他是父母的全部希望。

接下来的日子里，父母只要有了空闲，就开始对辰辰进行说教，道理讲了一堆又一堆，也不管辰辰是否听进去了。

有一天早晨，辰辰像往常一样背着书包上学，结果放学的时候并没有回家，父母左等右等不见辰辰回来。后来，他们在辰辰的床上，发现了一封信。信中写道：“爸妈，我不想再听你们讲的那些大道理了，我走了，等我混出名堂我再回来。到那时候，你们应该就不会再说我了。”

看到这封信，辰辰的父母悲痛欲绝。3个月后，派出所的人找上门来，告诉辰辰的父母，辰辰因参加了一起抢劫案被抓了。

为什么辰辰的父母说了那么多，辰辰一句都不听，哪怕他听进去了一句，也不至于走上歪路。其实，就是因为父母说教得太多了，才会出现这样的情况。

父母一味地说教，会将自己的焦虑和压力延伸到孩子身上。本来应该成为避风港的家，在孩子眼里成了“风暴”灾区。等孩子厌烦到一定的程度，很有可能以极端的形式对抗。真要到了那个时候，后悔也就晚了。

有些父母就是这样，自己混得不好，就把全部的希望寄托在孩子身上，希望孩子能够出人头地，能为自己争口气。当孩子出现问题的时候，不是认真分析孩子出现这些问题的原因，找到解决问题的办法，只是一味地说教、讲大道理。不管什么样的道理，父母一而再、再而三地讲，都会让孩子习惯性地堵住自己的耳朵，选择性失聪。

因而，父母一味地说教并不能够有效地解决孩子所遇到的问题，对帮助孩子改掉毛病没有多大作用。说教的结果只会让孩子越来越反感，越来越不在乎父母所说的话。

就像蒙台梭利说的一样：“我们成人最喜欢做的一件事情是把自己扮演成上帝，尤其当孩子在做些不对的事情时，成人会急切地想让他改正，急切地想告诉他这样做是不对的，应该怎么样。”话说多了，再有道理也是一种唠叨。只要孩子认定了那是一种唠叨，再有道理他也不会听的。

批评教育：谨防扩大化、重复

孩子犯了错，作为父母，进行批评教育是应该的。批评的目的是让孩子认识到自己的错误，避免再犯同样的错误。但是，如何批评是一门艺术，批评的艺术掌握得好，孩子再犯同样的错误的概率就会变小。父母不懂批评的艺术，批评的效果就会差很多。

通过长期的观察我发现，很多父母在批评孩子的时候，根本不讲究批评的艺术，一旦发现孩子犯错，气就不打一处来，容易搞扩大化，容易反反复复地批评孩子。批评变成了唠叨，最后的结果可想而知。

二姨家的表弟小刚与我同岁，我上初二那年，暑假去二姨家待了几天，就见识到了二姨夫批评扩大化的本事。

有一天吃过早饭后，小刚要出门。二姨夫看见了，问道：“你要去哪里？”

“和朋友出去玩一会儿。”

“和谁出去？”

“都是小学同学，威仔、德胜，还有‘猴子’。”

“‘猴子’？是不是在毕业前出事的那个孩子？”

“老爸，你记性真好。”

“我告诉过你，不要和‘猴子’那样的孩子来往。我记得他幼儿园的时候就爱跟小朋友打架。小学毕业之前，他不是还动手打过一个同学吗？你最好别跟他玩儿，万一你惹到他，他动手打你怎么办？”

“爸，不会的。我是他的朋友，再说了现在‘猴子’不像以前了。”

“你怎么知道他不像以前了，有些人就是改不了……”二姨夫顺着这个话题说了一大堆，最后小刚甩了一句：“你有完没完？不就是出去玩一会儿吗？”推门走了出去。

二姨夫生气地跟我念叨：“小刚这孩子，太不听话了。整天就知道玩，心思根本不在学习上。上次考试……”我知道，他的话匣子又要向我打开了，我找了个借口也出去了。

有些父母就是这样，批评起孩子来，总习惯性地翻箱倒柜，把陈芝麻烂谷子都抖搂出来。上面提到的小刚表弟其实没犯什么错，他只是想出去找老同学玩玩，就惹得父亲唠叨了一大堆。即使真的犯了错，这样批评孩子也是不对的。

父母批评孩子时，一定要就事论事，指出孩子错在哪里，会产生怎样的危害，怎样想办法去改正，而不是东拉西扯，长篇大论一番。当然，也不要反反复复地批评孩子，犯一次错误，批评一次就够了。

当孩子犯了错，受到了批评后，不论他嘴上说的是什么，其实他心里已经明白自己是不对的了。父母应该相信孩子，相信他不会再犯，至少不会故意去犯。即使再犯，也要和善地给孩子讲道理，千万不要翻出他之前的过错，进行反复批评。因为，列举孩子之前犯的错，传递给孩子的不是刺激，反而使他产生你在宣布其“罪状”，加以审判，对其得出不可救药的结论。这种感觉会使他怀疑自己，甚至自暴自弃。

大宝上幼儿园的时候，有一次我去接他，幼儿园老师对我说：“今天幼儿园午睡的时候，大宝把小朋友的鞋子踢到了墙角，我叫他捡回来，他不肯捡，我批评了他，你回去也说说他。”

回家的路上，我问他：“大宝，怎么那么淘气啊？为什么要把小朋友的鞋子踢到墙角？”

大宝低着头说：“我就是觉得好玩，我拿他的鞋子当球踢了。”

小孩子的这种行为我是理解的，孩子嘛，没有不淘气的，把鞋子当球踢，并不是什么大事。但是，孩子上幼儿园了，生活在集体中，有些秩序纪律还是要遵守的。

于是我对他说道：“你要是想踢球，活动课上可以随便踢，小朋友的鞋子不是球，你去踢是不对的。如果你的鞋子被小朋友踢走了，你起床找不见鞋子，是不是会很着急？”

“妈妈，我知道错了，我以后不会再踢小朋友的鞋子了，老师已经批评我了。”他甚至有点委屈地说。

第二天早上，送他去幼儿园的路上，我又想起了他踢鞋子的事情，不假思索地对他说：“大宝，记住了，睡觉的时候好好睡觉，不可以像昨天一样淘气，不要再踢小朋友的鞋子了。”

我说完这话，大宝“哇”的一声哭了，边哭边说：“我都说了，我不会再踢别人的鞋子了，老师说我，你也说我，你都说我两次了。”

我突然意识到，我错了。我已经在犯反复批评孩子的错误了。

坦白来讲，孩子犯错是小事，都是值得原谅的。如果想教育一下他，批评一次就够了。父母反复地批评，不但不能很好地帮助孩子改正错误，反而容易使孩子反感，削弱了父母的说服力。

从心理学的角度来说，刺激过多、过强和作用时间过久而引起心理极不耐烦或反抗的心理现象，被称为“超限效应”。

“超限效应”用到父母批评孩子身上也是贴切的，父母刚开始批评孩子的时候，孩子可能会感到内疚和不安，但是父母批评多了，孩子便会变得不耐烦，最后甚为反感。

根据相关研究发现，一个人在接受一种事物时，第一次的感受最具刺激性，其震撼力也是最强的，以后便会逐次递减，形成熟视无睹的结局。

所以，父母批评孩子的时候，一定要掌握批评的艺术，不要犯扩大化和重复的错误，就事论事，点到为止即可。

管好你的脾气，忍住你的唠叨

有的父母在教育孩子的时候，总是缺乏理性，情绪上来了，想唠叨就唠叨，想发脾气就发脾气。不管孩子犯没犯错，就给孩子乱加罪名，甚至进行人身攻击，这对孩子是不公平的。生活中，偏偏就有这样的父母，在其他事情上不顺心，就把火气发在孩子身上，使孩子遭受委屈。

一个小男孩名叫军军，已经10岁了。他的父亲总是毫无原则地冲他乱发脾气，他的母亲总是没完没了地唠叨。天长日久，他养成了内向、胆怯的性格。

军军9岁那年，父亲失业了，心情很不好，经常借酒消愁。有一天，父亲带着满身的酒气回来，母亲很厌烦，忍不住唠叨起父亲。当时军军正在做数学作业，听见父母在吵架，就放下手中的笔，回头看了看。

他这一回头，正好与父亲的目光相撞。父亲立即将怒火指向了军军：“小兔崽子，你看什么看？是不是又有题不会了？我怎么养了你这个败家玩意儿！”

生性敏感的军军顿时觉得很委屈，但是他又不敢辩解，只能抹着眼泪继续写作业。母亲本来就有气，看见军军抹眼泪，又开始唠叨起丈夫。结果，这场“夫妻大战”一直持续到半夜才停歇。

从此以后，军军只要看见父亲就紧张，越紧张越容易出错，每次父亲都毫不留情地对他加以训斥。最后，军军得了抑郁症，每天晚上都做噩梦，性格越来越孤僻，与谁都不愿意交流。

一个不愿意控制自己脾气的人，是很难掌控自己人生的。即使我们的脾气再大，都不应该对孩子乱发。孩子还小，心智还不够成熟，父母习惯性地冲孩子乱发脾气，会伤害孩子的心灵，影响孩子的成长。研究发现，在父母乱发脾气的环境中长大的孩子，不是变得胆小内向，就是自己也成了一个喜欢乱发脾气的人。

看了刚才的案例，有的父母可能会问了，军军的母亲又没对军军做什么，为什么军军看见母亲也会觉得厌烦呢？细读案例我们就会发现，军军的母亲是一个爱唠叨的人，也许她原本不喜欢唠叨，对丈夫的失望，太多的家庭琐事，让她变得爱唠叨了。案例中只列出了她唠叨丈夫的事，不难想象，一个喜欢唠叨的母亲，绝对也会唠叨孩子的。唠叨会成为一种习惯，一旦一个人养成了这种习惯，不管看见了什么，听见了什么，都会张嘴就来。

与男人相比，女人更喜欢唠叨，但是，唠叨绝对不是女人的专利。我老公就是这少数中的一位，有一段时间我觉得他特别爱唠叨孩子。

儿子4岁的时候，每次领他出去玩，看到街边有下棋的，他都会停住脚步不走，嚷着让我们给他买象棋。当时我们觉得他还太小，学下象棋还有点早，于是对他说，等他过了5周岁的生日就给他买象棋。

5周岁生日一过，老公便给儿子买了一副象棋，开始教儿子下象棋。我觉得这挺好的，既可以增加亲子互动，还可以开发儿子的智力，又发展了孩子的兴趣爱好。可能是儿子实在太小了，“马走日”，“象走田”，老公教了很多遍，儿子还是走不好，象总是乱飞，马经常别腿。次数多了，老公就不耐烦了，忍不住唠叨起儿子。

我在旁边看着，一开始并没有说什么，只是用脚踢了踢老公。就在这时，手机响了，老公立即站起来，刚要转身去接电话，儿子用手一挡，棋子全乱了。

看到凌乱的棋盘，老公非常生气，开始冲儿子发脾气，对儿子吼道：“我就转个身，你就把棋盘弄乱了，这点事情都做不好！”儿子觉得有些委屈，但是的确把棋盘弄乱了，也不敢分辩，只能委屈地坐着。

这个时候，我站了起来，把手放在老公的肩膀上说：“亲爱的，消消气，这不能怪儿子，你转身的时候把棋盘弄歪了，儿子只是想扶正，不小心弄乱了。儿子还太小，他下棋不好你也别着急，更不能对他发脾气。记住，亲爱的，我们是在养小孩，不是在养没有感情的花花草草。”

是啊，我们是在养小孩，不是在养没有感情的花花草草。孩子还小，犯错总是难免的。踢球砸碎了玻璃窗，不小心碰倒了牛奶瓶，这都是有可能的。如果已经发生了，发脾气是没用的，唠叨也改变不了什么，我们只需告诉孩子，这些东西是容易碎的，以后小心点就可以了。东西打碎了可以再买，孩子的心一旦被打碎了，千金难买。如果在父母的坏脾气和唠叨下，孩子充满活力的心开始破碎，这才是真正的遗憾。

父母管教孩子，一定要就事论事，绝不能因为其他事情不顺心而对孩子胡乱地发脾气，更不要动不动就对孩子吼叫。最近流行的一句话很有意思：“如果吼叫有用，驴子早已统治世界了。”父母吼叫时往往听不到自己的嗓音和语气，不讲究说话的技巧和礼貌，其中有些字眼儿可能会伤害孩子的心灵。

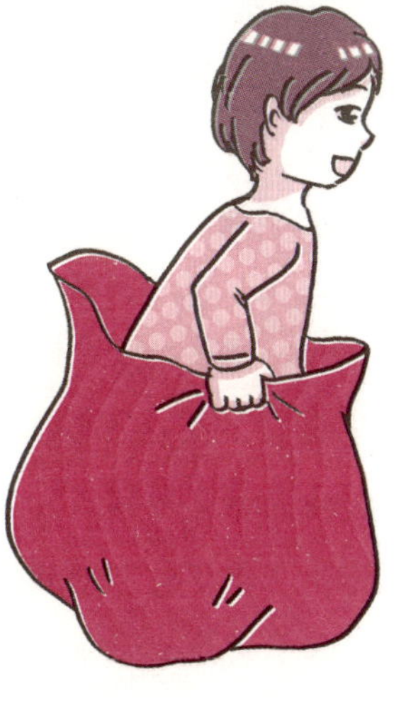

父母的吼叫对孩子的影响是极大的，不仅父母吼叫的内容让孩子挥之不去，而且父母吼叫的样子也会让孩子心惊胆战。

所以，家有孩子的父母，一定要控制住自己的脾气，不要把最坏的脾气给了最爱的人，也不要让孩子处于唠叨的环境中，弄得孩子心烦气躁。

要想孩子听话，父母先要“听话”

父母们面对的是稚嫩天真的孩子，不要总是一遍一遍地告诉孩子“要听话”。父母说得多了，孩子习以为常了，也就不再听话了。要想孩子听话，父母首先要闭上嘴，自己先要会“听话”。父母少说多听，不但不会让孩子感到厌烦，而且能了解孩子的心声。

许多父母教育孩子总是缺乏耐心。还没等孩子说点什么，赶紧抢过孩子的话，一旦打开话匣子，就没完没了，弄得孩子很烦躁。久而久之，孩子有什么话也不想跟父母说了。因为孩子毕竟还小，无论是从词汇量上，还是从逻辑道理上，肯定是说不过父母的。

孩子不能诉说，只好将委屈和不满埋藏在心里，时间长了孩子的心理健康就会出现问题，甚至开始厌恶父母，不再信任父母，与父母进行对抗，成为父母眼中不听话的孩子。另外，父母总是不让孩子表达，对于提高孩子的语言能力也是一种障碍，甚至影响到孩子的写作水平。

凯莉本是个活泼开朗的姑娘，上课也总喜欢积极发言。但是，最近一段时间我发现，凯莉变得越来越沉默寡言，她总是喜欢一个人发呆，作文水平也有所下降，经过一番了解，我得知了原因。

以前，凯莉每天放学回家后，都会把自己认为有趣的事说给父母听，父母也总是会认真地倾听，积极地回应。可是后来，父母的感情出了问题，父亲一气之下离家出走，一直没有音讯。父亲的出走，对凯莉的打击很大。更要命的是，父亲走后，母亲变了。凯莉很少能在母亲的脸上看到笑容，很小的事情也能让母亲唠叨半天。所以，在家的时候，凯莉做什么都小心翼翼的，就怕一不小心触碰了母亲烦躁的神经，引得她唠叨起来没完。

只剩下母女俩相依为命，凯莉也曾试着与母亲沟通。她想母亲可能是太孤独了，如果自己多与母亲聊聊天，母亲是不是就能开心一些？

可是每当凯莉兴高采烈地与母亲说话时，母亲总会打断她的话：“凯莉，不要整天说这些废话，一点用也没有，你把这心思放在学习上多好。你学习好一点，能考上一个好的大学，妈妈也可以跟着你扬眉吐气。”听母亲说完这些话，凯莉再也没有讲下去的兴趣了。

即使凯莉不惹母亲，母亲也止不住地对她唠叨。从她早上睁开眼睛开始，母亲的唠叨声也就开始了，一直到她上床睡觉，母亲的唠叨才会结束。

有一次，凯莉对母亲说学校要举行歌咏比赛，她想参加。她刚表明自己的意思，母亲就赶紧说：“凯莉，我说了你多少次了，别参加这些没用的活动，你总是记不住。参加这些活动能得到什么？能让你的学习成绩提高吗？学习成绩不好，怎么能有一个好的未来……”

凯莉知道，顺着这个话题，母亲的唠叨又开始了，索性躲进了房间，任由母亲在外面唠叨。

慢慢地，凯莉越来越不爱说话了，性格变得越来越沉默。就连写作文都受到了影响，她说她们家的话都让母亲一个人说了，她什么也写不出来。

对于一个有主见或者有委屈的孩子来说，父母不让诉说，或者申辩，实在是一种痛苦。如果父母不给孩子倾诉的机会，时间久了，孩子的心理健康是容易出现问题的。

还有一些这样的父母，总是习惯以成人的思维方式去评判孩子所做的一切，甚至把自己的意愿强加给孩子。如果孩子想要申辩，根本不给孩子诉说的机会，致使亲子沟通出现了很大的问题。

大外甥强强小的时候，一直在奶奶家长到6岁，才被大姐、大姐夫接回身边。

有一天，大姐炒了一盘鸡蛋，端到桌子上，接着进厨房继续炒别的菜，等大姐把别的菜端到桌子上的时候，强强已经把鸡蛋吃光了。

大姐一看，非常生气，大声训斥道："你这孩子，怎么这么没规矩呢？还没等大人坐好，你怎么一个人把菜全吃了？再说了，有这么多菜呢，你就吃鸡蛋啊？这营养能均衡吗？"

强强听了，一声不吭，悄悄流眼泪。

这时，我走过去，对大姐说："大姐，你先别着急，有点耐心行不行？你不妨先听听强强怎么说。"

我带着笑意对强强说："大外甥，你告诉妈妈，为什么不等大人坐下就先吃了呢？"

强强小声地说："我在奶奶家，奶奶做好饭菜都是让我先吃。"

我继续问道："为什么只吃鸡蛋啊？怎么不吃别的菜呢？"

强强继续小声地说："我在奶奶家，我喜欢吃什么就吃什么，我吃得越多，奶奶越高兴。我吃多了，奶奶还夸我呢。"

我转脸对大姐说："你看，这也怪不得他。虽然他的做法是错的，但是他不知道这是错的，你别总是不分青红皂白，就开始训斥孩子。"

很多时候就是这样，当我们认为孩子做得不对的时候，先不要急着训斥孩子，不妨给孩子一个机会，认真做个听众，让孩子说出原委，这样就能避免因误会让孩子受委屈了。

父母切记，我们有一张嘴巴，还有两只耳朵。光说不听，很难知道孩子的心里到底在想些什么，教育起孩子来也会无所适从。而且一旦说多了，还容易让孩子感到厌烦或者不知所措。父母要想孩子听话，自己先要会"听话"。

其实，父母改变唠叨的毛病并不难，管住自己的嘴，少说多听就是了。

第7章

打骂教育

——棍棒下不会出人才

打骂孩子是父母最大的无能，

也是对孩子成长最为不利的教育方式。

能接受最坏的情况，

在心理上，

就能让你发挥出新的能力。

——林语堂

被吓大的孩子是没有安全感的

我的一些亲戚朋友经常提醒我“男孩子不好管，要让他有个怕的人，不能老依着他，要不然将来就管不了啦”。听到这些话，我心里很有底，知道该怎么做——应该给孩子充分的自由，让孩子顺应天性成长。教育孩子要以发展他的天性为主，不能干涉得太多，要引导，而不是让他有个怕的人。

我小叔子有两个儿子，大的已经十几岁，小的比大宝小1岁，名叫超超。每次我们去他们家，只要爸爸不在家，超超就和大宝一起疯玩。他们玩的东西五花八门，院子里的小木棍，路边的沙土，房后的树叶，都能成为他们的玩具。在城里憋闷久了，大宝能玩玩这么接地气的东西，我打心底里高兴。但是，只要爸爸回来，两个孩子看见了，就会乖乖地回到屋里，坐在炕上大眼瞪小眼，就像耗子见了猫一样。

小孩子嘛，总是老实不了多长时间，过了一会儿，他们以为爸爸走了，就又开始蹦跳起来。如果这时爸爸突然跑过来，大吼一声，孩子们立即安静下来，露出很害怕的表情。每次我都跟小叔子说：“你老吓唬孩子干什么？他们愿意玩什么就玩什么呗。”

小叔子总是说：“二嫂，你这样不行，孩子就得有个怕的人，要不然他们能上天。”

对于他的回答，我真是无语，要想改变他的观念，实在是太难了。好在我们在他家也不会待几天，只是可怜了超超，总是要面对他爸爸的“冰块脸”和吼声。

通过观察我发现，超超现在在怕的人和不怕的人面前完全是两种表现。在他的爸爸面前，他总是乖乖的，甚至可以说是唯唯诺诺的。就像一个被驯服的小动物一样，往哪里牵就往哪里走。在不怕的人面前，他好像又活了过来，恢复了孩子好玩的本性。

这两种表现如果一直存在，会将其带到幼儿园去，带到学校里去，带到工作单位里去，带到社会上去。这就是为什么很多孩子一方面胆小怕事，另一方面骄纵蛮横。这两种截然不同的表现，要取决于他面对的是谁，是那个他怕的人，还是不怕的人。

如果在孩子心中，害怕的感觉完全压倒了自由好玩的天性，孩子就会变成一个胆小怕事的人，说起话来唯唯诺诺，做起事来畏首畏尾。给人的感觉特别拘谨，难得有落落大方的时候。

当然，也有生来就很有主见的孩子，小的时候他可能迫于父母的权威，对那个怕的人绕着走，尽量不招惹他们。等他稍微大一点，就会进行反抗。孩子大了，心里其实很清楚，父母根本不能把他们怎样，很多时候都是吓唬吓唬他们而已。

如果总是吓唬孩子，慢慢你会发现，对于有的孩子来说，吓唬的力度要越来越强，否则就是无效的。他小的时候，你吓唬他赶紧睡觉，不睡觉老耗子来了，他就乖乖睡觉了。等他再大一点，你再用老耗子吓唬他就没用了。你不得不说，赶紧睡觉，不睡觉我把你扔出去。他害怕父母把他扔出去，就乖乖睡觉了。他再大一点，就会明白，父母再吓唬他也是爱他的，根本不会把他扔了，你再用把他扔出去吓唬他就无效了，所以说，靠吓唬管教孩子，不是长久之法。再说，总是吓唬孩子，对孩子的身心发展也是有害的。

然而，现实生活中，动辄吓唬孩子的父母大有人在，吓唬孩子的方式可谓各种各样。有的父母爱拿警察来吓唬孩子，动不动就对孩子说“再不听话，警察就来了”。还有的父母爱用大灰狼吓唬孩子，动不动就对孩子说“听话，你要是不听话，大灰狼就会来抓你”。有的家长，甚至用妖魔鬼怪来吓唬孩子，无形中向孩子灌输了迷信的思想，对孩子世界观的形成起到负面的影响。

据统计，1岁以内的孩子害怕巨大声响，环境突然改变。1岁多的孩子害怕陌生人、怕与父母分离。两岁多的孩子害怕黑暗、害怕独自在家。3岁多的孩子害怕动物、昆虫、黑暗的房间。四五岁的孩了害怕鬼怪、猛兽、雷鸣等。五六岁的孩子害怕身体伤害、超自然事件。7岁以上的孩子害怕社会交往、矛盾争执、身体伤害和被迫学习。

如果父母利用孩子的弱点吓唬孩子，只能增加孩子心中的恐惧，让孩子的胆子越来越小，性格越来越懦弱，让他们逐渐丧失积极性、主动性、探索和进取精神。

所以说，作为孩子的父母，应该了解孩子的心理规律，不但不能让孩子有个怕的人，还不能动不动就吓唬孩子。

不要动辄对孩子恶语相加

当孩子不听话，屡教不改，或者不认真读书，完不成作业时，有些父母气急了就会骂道："你一点用都没有！""你将来也就这样了！""我怎么生出来你这么个废物！"殊不知，父母一时的恶语，却足以对孩子造成终身的伤害，因为它截断了孩子对自己将来的希望和美好憧憬。

在语言交际的过程中，大家都能体会到，恶语犹如"有毒的箭"，很容易中伤他人。所以，我们不能用它来对付自己的孩子。然而，在许多家庭中，一些父母在责备和批评孩子的时候，却常常对自己所使用的语言缺乏警觉性，总是来不及思索就将一些"有毒的箭"射到孩子身上。

经常遭受恶语的孩子，心灵容易发生扭曲，即使成年之后，也会出现较多的行为障碍和个性弱点，难以适应社会。所以，为了孩子的将来，父母们教育孩子的时候，要注意自己的语言表达，不要以为说点过头的话不会对孩子造成多大危害。要知道，心灵上的伤害远比肉体上的伤害更为严重。千万不要让孩子觉得“最亲近我的人，伤害我最深”，因而疏远父母，甚至怨恨父母。

一句简单的恶语就可以让孩子心灵受到伤害，或者表现出乖张的行为，这就是恶语之箭的厉害之处。

“你真丑”是最容易让人自卑的话。人非草木，再小也是有思想、有情绪的。我们对一棵树说“你真丑”，树木既不会感觉受到侮辱，也不会感觉很窘迫。它原来是什么样子，还是什么样子，丝毫不在乎我们说了什么。可是，我们要是对一个孩子说“你真丑”，就会对孩子的心理产生一连串的影响。他会很自卑，难过，愤怒，甚至怨恨。

有的父母会经常对自己的孩子说“你真笨”。孩子一开始听到的时候，可能会说：“不，我不笨！”可是时间一长，由于他总是听到父母说他笨，再加上他最相信的人就是父母，他可能就会认为他真的比别的孩子笨。于是，他在无意中跌了一跤或被绊了一下的时候，他很自然地就会对自己说：“真笨。”也许从此以后，他都不愿意积极地去做事，因为他已经相信了“笨”这个评价。

“没出息”这三个字，对于一些父母来说，出口的频率也是比较高的。这句带着强烈贬损意味的话，不知刺伤了多少孩子的心。孩子虽然小，也有自尊心，需要来自父母的肯定和赞扬。即使是批评，也应当合情合理，让孩子心服口服，千万不要动不动就说孩子“没出息”。

另外，下面这些话，父母应该尽量不说。

“什么事也做不好，就知道给我们丢脸。”

“懒鬼，饭桶，笨蛋，胆小鬼！”

“无法无天，注定在监狱里蹲一辈子。”

“就知道要钱，讨账鬼。”

“你活着有什么用，还不如去死呢！”

“我说话的时候你给我闭嘴！”

……

心理学研究已经证实，长期的恶语心理暗示可以导致孩子认知思维层面的偏离，进而引起相应的心理和行为改变。因为孩子对自身状况缺少判断能力，潜意识里很容易认同父母的一些消极想法，有些事父母说得多了，往往会弄假成真。

当一个孩子从内心深处承认自己“真丑”“真笨”“没出息”后，就会放弃在心智方面的努力，逃避一切的竞争和比赛，以免因为失败而遭受奚落。这样，孩子的座右铭是“多做多错，少做少错”。因此，他的安全保障法就是——什么也不做。

为了尽量不用恶语伤害到孩子，父母在教育孩子的时候，一定要克制住自己的愤怒情绪。因为人在愤怒的时候，就像一个失去了头脑的人，往往会口不择言。虽然孩子是我们最亲的人，但是有时候我们对孩子所说的话，如果是要对外人说都要犹豫一下，可是对我们的孩子却脱口而出。

总之，作为父母，一定要认识到言语伤害的严重性，在思想上高度重视。正所谓，“良言一句三冬暖，恶语伤人六月寒”，不同的语言带来截然不同的结果。所以，父母们教育孩子，要少对孩子恶语相加，以免伤害到孩子单纯的心灵。

不要用打骂逼孩子撒更大的谎

当孩子撒谎被父母揭穿后，有些父母总是控制不了自己的情绪，对孩子又打又骂。

为什么有的父母对孩子撒谎这种行为“零容忍”呢？因为这些父母心里想的是，说谎关乎孩子的品质问题，品质问题可是大问题，绝对不能视而不见，发现孩子有撒谎的苗头就应该采取果断的措施，让孩子尽早地改正。

父母关注孩子成长，担心孩子的品质素养，这是负责的父母该有的表现。但是，对孩子大吼大叫、又打又骂的方法是不可取的。孩子迫于父母的权威和恐吓，或许会表现得听话，表示不再撒谎了，但这样的手段不是长久之计。一开始的时候，父母的打骂会让孩子因受到惊吓表现得很安静。但是，等孩子回过味来，就会采取更为隐蔽的方式欺骗父母，甚至撒更大的谎来逃避父母的打骂。

如果发现自己的孩子撒谎了，父母就觉得孩子的品质有问题，那真的是有点小题大做了。孩子撒谎，父母完全不必惊慌，先找到孩子说谎的原因，再对症下药，才是解决之法。孩子撒谎有多方面的原因，既有有意识的撒谎，也有无意识的撒谎，家长应该找准原因，再进行教育。

对于小一点的孩子来说，由于自己生活经验少，经常出现想象与现实混淆的情况，比如，有的孩子会夸张地对妈妈说："妈妈，我刚才看见一个飞碟从我面前飞过。""妈妈，昨天晚上小天使还跟我说话了呢。"像这种孩子因想象而说谎，是应该得到原谅的。

一般来说，两三岁的孩子已经有了一些基本的是非判断，当他们发现自己做错了事时，会本能地害怕父母的惩罚。特别是已经有过做错事被训斥、打骂经验的孩子，为了避免再被父母训斥、打骂，就会想办法撒谎掩饰。

大宝3岁的时候，有一次，我给他倒了一杯牛奶，让他慢慢喝。我去厨房里收拾碗筷，等我忙完回来，看见他面前的牛奶杯已经空了，习惯性地对他竖起大拇指，说："大宝真棒！"他朝我笑笑，我觉得他笑得有些不自然。我再低头一看，他的椅子周围黏黏糊糊的，很明显是牛奶洒了，被擦过，但是没擦干净留下的痕迹。

我看着大宝问道："大宝说实话，牛奶都喝了吗？"

"我都喝了，喝得好饱呢。"他说着，还拍了拍肚皮。看着这个小大人一本正经撒谎的样子，当时真想笑，但是我知道，应该严肃起来，绝对不能笑。

"那你脚底下的这些黏黏糊糊的东西是什么？"我严肃地问。

没想到，他"哇"的一声哭了，边哭边说："我喝不了一杯，剩下一点，我想倒进垃圾桶里，没倒好，倒洒了。"

看到他委屈的样子，我赶紧安慰："好了，好了，没事了。喝不了放那里就行，妈妈没逼着你一定要喝完。"

"我怕妈妈说我，上次我没喝完，奶奶就说我了，说我浪费。"他边抹眼泪边说。

原来，他有过被训斥的经历，害怕再次被训斥，所以用撒谎的方式来应对我。孩子就是这样，他们想问题很简单。你不是不喜欢我剩牛奶吗？我喝不了就倒掉。毕竟孩子还太小，要想做得天衣无缝是很难的，只要我们大人稍微留意，马上就能找出他们的破绽。大宝为了掩盖事实，还做起了"毁尸灭迹"的事——擦拭洒在地上的牛奶。但是，他再怎么做，还是逃不过我的眼睛的。他眼中的万无一失，在我们成人看来就是漏洞百出。

我们有着识破孩子谎言的本领，但是这并不意味着我们有惩罚孩子的权力。对于两三岁撒谎的孩子进行打骂教育，实在是有些太严重了，因为这么小的孩子欺骗父母，都是没有恶意的，只是为了逃避惩罚而已。如果父母不明白这个道理，采取打骂的方式进行教育，等到下一次孩子犯了同样的错误，就会变着法地撒谎欺骗父母。

正因为我害怕大宝养成撒谎的毛病，所以我安慰道："喝不完没关系，妈妈不会说你，也不会打你的。如果你觉得喝不完，下次妈妈再给你倒牛奶的时候，你可以提醒妈妈少倒一点。你现在把牛奶倒掉了，还跟妈妈说全喝了，你觉得你做得对吗？"

大宝小声地说："妈妈，我知道错了，我以后再也不会这样做了。"我满意地摸摸大宝的头，在他的小脸蛋上亲了一口。

如果我抓住大宝撒谎这件事不放，严厉斥责，甚至打骂他，让他记住我的教训，以后不能再撒谎，结果会怎样？我想下次他一定会变着法地骗我。小孩子就是这样，一点小心思，就以为能骗过全世界。

虽然孩子的谎言很容易被大人看穿，但是因为惧怕，因为存在侥幸心理，他们还是会对撒谎这件事乐此不疲。万一哪一次撒谎没有被父母识破，他们侥幸逃脱了，便会尝到撒谎的甜头，也就在撒谎这条路上越走越远了。

所以，在孩子还小，我们还来得及教育的时候，千万不能以打骂的方式，将曾经撒过谎的孩子逼上撒更大谎的道路。

教育孩子，其实有时候比拼的就是耐力。孩子还小，千万不要以简单粗暴的方式对待，再者说，孩子总会长大，他们的心智会逐渐成熟，如果成熟到足以用谎言来欺骗我们，而我们又完全识不破，那才是真正的悲哀。

孩子爱说谎，与父母的教育有很大的关系，很多时候都是父母管教太严、要求太高造成的。有的父母就是这样，如果孩子表现得好，父母就会很高兴，满足孩子的一切要求；如果孩子表现得不好，父母就会打骂孩子。长此以往，孩子为了取悦父母，就会开始撒谎。如果父母不了解情况，让孩子撒谎成功，孩子尝到了甜头，就会经常性地撒谎。

父母是孩子的第一任老师，孩子总是有样学样。如果父母经常当着孩子的面撒谎，孩子听得多了，觉得撒谎是一件很正常的事，也就染上了爱撒谎的毛病。如果父母经常对孩子撒谎，如对孩子许诺，但是找各种借口不兑现。孩子还小的时候，父母的谎言或许是能骗得过孩子的，让孩子信以为真。但是父母也别低估了家里的机灵鬼，有时候他们的心思超乎我们的想象。一旦孩子识破了大人的谎言，就会有样学样，自己也说起谎来。因而，要想孩子不撒谎，父母要以身作则，做一个诚实守信的人。

孩子说谎的原因是很多的，不能定性为本性如此，有些孩子说谎并不是出于什么恶意，只是因为跟父母的接触机会少，希望通过谎言引起父母的关注而已。很多时候就是这样，孩子太需要父母的爱，父母的关注了。但是，父母总是因为忙而忽略孩子的这种感受，于是孩子就想方设法引起父母的注意。聪明的孩子发现，如果自己犯错，父母就会对自己特别“关照”，于是他们选择以撒谎、偷窃、淘气等方式引起父母的注意。因而，父母平时要多与孩子接触、沟通，让孩子感受到父母对他们的爱与关注。

很多时候，孩子说谎并没有什么恶意，所以父母不要轻易将孩子的说谎行为与孩子的品德画等号，不能因为孩子的某一次说谎就给孩子定性。这样做不但对改掉孩子说谎的毛病没有任何帮助，反而对孩子的说谎行为起到了强化作用。

不管孩子出于哪种原因染上了爱说谎的毛病，以打骂的方式进行教育都是不对的。父母在弄清楚孩子说谎的原因之后，要耐心地启发孩子承认错误，不能对孩子进行斥责和打骂，否则，容易陷入恶性循环之中。

孩子偷东西，父母要先自我检讨

从儿童心理学的角度来分析，小孩子偷拿别人的东西是由两种心理因素引起的：一是孩子有一种强烈的占有欲望，他对自己没有玩过的东西，没有吃过的东西，既好奇又想得到。在这种占有欲望的引领下，他便会悄悄将别人的东西据为己有。二是孩子有一种异乎常人的冒险心理，他们会想：我拿了别人的东西，只有我自己知道，别人不知道，这种不被别人知道、偷拿的行为会让他觉得特别刺激。

大宝的大姑开了一个小超市，我经常带大宝到她家的超市玩。

大宝5岁的时候，有一天，我又带大宝去他大姑家的超市玩。我和孩子的大姑坐在收银台后面聊天，不时用眼睛偷瞄大宝。我发现大宝环顾了一下四周，从货架上拿了一块巧克力。我与他大姑对视了一下，让她制止大宝。大姑笑着说："孩子想吃就让他拿吧，在自己姑姑家还客气什么。"

我说："那可不行，如果他询问了你，你同意给他的话，那是可以的。他连问都没问，就自己拿，这怎么能行？"我本想马上制止，转念一想，何不趁此机会好好观察一下，看看他还会不会拿别的东西，于是静静地观察着，没有作声。

很快，大宝把巧克力吃完了。然后，又走到货架后面，拿了一个塑料的小飞机、一个弹力球和一张小卡片，偷偷地将这些东西塞进口袋里，然后装得一本正经，大摇大摆地走了出去。

小孩的世界真是天真，他以为这样就没有人看见，他以为这样就能够得到他想要的东西。虽然我理解他的行为，但是绝对不能放任不管。我走到门口，将大宝叫了进来。

看着他的眼睛，我很严肃地说："大宝，把你兜里的玩具放到货架上去。"

大宝低头不语，手放在口袋里搅和着里面的小玩具，看来他是很喜欢，舍不得放回去。我继续对他说："你想要什么东西，可以跟妈妈说。你这样偷偷地将东西放进自己的口袋里，你觉得对吗？买东西是不是要花钱？"

大宝羞愧地低下了头，把那些小玩具掏了出来，递给了我。

"跟妈妈说，除了这些东西，还有没有其他的东西了？"我问道。

"还有一块巧克力，我已经吃了。"大宝小声说道。

"好，你也知道那块巧克力没有付钱是吧？"说着，我掏出一块钱递给他，继续说，"给你这一块钱，你去交给大姑，告诉大姑是怎么回事。"

孩子拿着钱，走到他大姑面前，小声地说："大姑，我刚才吃了一块巧克力，没有给钱，现在给你。"

孩子大姑亲切地摸摸他的头，笑着说："刚才那块送你了，不用给钱，拿回去吧。"

大宝举着钱看着我，不知道给还是不给。我对他大姑说道："你赶紧收着，不是钱不钱的事，关键是要告诉他那样做是不对的。"

孩子大姑点点头，接过大宝手中的一块钱。大宝转过头，对我说道："妈妈，我知道错了，我以后不会这么做了。"

我很理解他偷拿行为背后的心理原因，所以我没有指责、训斥或粗暴地对待他，如果那样做的话，只能让大宝感到自己是一个品行很差的人。我只想告诉他，这样做是不对的，以后不许这么做了。其实，即使孩子再小，偷拿别人东西也会感到不安，只是有时禁不住诱惑，选择了铤而走险而已。一旦被人发现，被人给指出来，他们立即就会明白，这样做不是万无一失的，就从这一点上来说，他们也会长记性，以后不敢再轻易地偷拿。

孩子出现偷拿行为，我们是可以理解的，但是不代表我们放任不管。俗话说，小时候偷针，长大了偷金。孩子如果养成了偷窃的行为，毁掉的将是他的一生。但是，怎么管是一个问题，这个度怎么拿捏，这都是孩子的父母要考虑的。

如果孩子还小，当父母发现孩子在逛超市时偷拿了店里的糖果，父母最好镇定而坚决地对他说："我们没有买糖果，把你口袋里的糖果放回去。"如果孩子否认口袋里有糖果，立即指给他看，继续坚定地说："这不是我们买的，我们没有付账。"让他知道不付钱的东西是不可以拿走的，千万不要骂也不要打。又打又骂容易吓到孩子，还容易给孩子贴上品行不良的标签。

如果孩子还小，偷偷从父母的钱包里拿钱，父母知道了，最好不要问："你是不是从我的钱包里偷了钱？"而应该直接指出事实："我发现你从我的钱包里拿钱了。"当孩子把钱还回来以后，父母可以严厉地对他说："如果你想花钱，你可以问我要。我可以考虑一下该不该给你，你不能私自从我的钱包里拿钱，知道吗？"如果孩子否认自己拿了钱，只要你确定他拿了钱，只需坚定地对他说"否认没有用，赶紧把钱还回来"就可以了。

在教育孩子的时候，一定要注意自己的措辞，千万别说"偷"这个字，对于心智未开的孩子来说，这个字真的太重了。更不要称呼孩子为"小偷""贼""骗子"，或预言他这样做将来会进监狱。他还只是个孩子，你不能断言他的一生。

有的父母正义感比较强，脾气比较火爆，一旦发现孩子有偷窃行为，立即火冒三丈，开始对孩子"刑讯逼供"，一遍一遍追问："为什么偷东西？""钱花哪里去了？"孩子说不出合适的理由，就开始对孩子拳打脚踢，严重伤害了孩子的身心。

孩子为什么会偷窃？除上面说的那个心理因素，其实与家长的教育也是分不开的。

有的父母很爱贪小便宜，总喜欢把单位的公物往家里拿，孩子耳濡目染，便跟着效仿，由拾到东西不还，慢慢发展到偷拿别人的东西。有的父母更糊涂，看到孩子从外面往家里拿东西，反而称赞孩子头脑灵活。这样的父母，必然会让孩子养成偷偷摸摸的习惯。

还有的父母，对孩子管教太严，就连孩子的正常需求都不能满足，逼得孩子走上偷窃之路。我认识的强子父母就是这样的人。强子看到别的孩子都在玩水枪，想让妈妈给买一个，妈妈一口回绝。强子热了，想买一根雪糕吃，妈妈还是不同意。还有一次，强子想要买个新的文具盒，伸手问爸爸要钱，没想到竟挨了爸爸一巴掌。

强子的父母认同“穷养儿子”的教育理念，就连强子提出的正当要求也不肯满足。父母如此不通情理，强子非常不满，甚至对父母产生了怨恨。

有一天，他趁父母不在，从装钱的柜子里摸出10元钱，到街上很快就花掉了。接下来的日子里，隔三岔五他就会偷点钱出去花。

起初，强子的父母并没有察觉到强子的异常行为，反而为他不再像从前那样伸手要钱了而感到高兴，觉得自己严厉管教强子是对的。

他们哪里知道，强子自从第一次尝到偷钱的甜头之后，胆子越来越大。终于，他们发现了儿子的“秘密”，顿时火冒三丈起来。怒不可遏的父亲动起了拳脚，直打得强子哀号不已，期间甚至夹杂着妈妈的辱骂之声。

被父母打骂过后的强子开始疏远父母，一天到晚在外面闲逛。就在这个时候，社会上的几个小混混开始注意到他，给他饭吃，给他钱花，并引诱他偷窃。

父母知道后，自然又打又骂，但是强子的偷窃行为一直都没有改掉，先后四次进了收容所。

所以说，孩子偷东西，父母别光忙着收拾孩子，其实更应该检讨一下自己的行为和自己的教育方式。

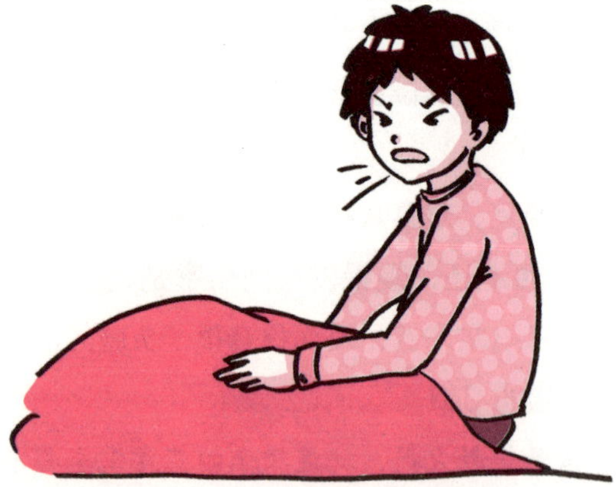

孩子淘气并不是什么坏事

几个孩子妈聚在一起，自然而然地把话题又扯到了孩子身上，说起自己孩子的淘气行为，几个妈妈可谓张口就来。

果果妈：“我们家果果经常会把我刚叠好的被子、放进衣柜里的衣服全部弄乱，会把袋子里的大米全部倒出来，弄得满地都是。每次看到他弄得一片狼藉，我的脸都气绿了。”

优优妈：“我们家优优更淘气，我一眼看不到，她就会把我精心养的花花草草弄残，每次我都心疼得要死。她还喜欢拖着猫尾巴转圈，现在猫咪见到她就跑。”

轩轩妈：“我发现我们家轩轩对门特别感兴趣，经常锁来锁去，我已经被他锁在厨房里三次了，老公被他锁在书房里两次了。还有一次他居然把自己反锁在卧室里，当时我跟老公急坏了，越是让他开门他越是不开。没办法，现在我们家屋里的锁全让我弄坏了，就是怕他锁来锁去。”

跳跳妈：“我们家跳跳就喜欢到处画，你们去我们家看看，白白的墙面上红一道、绿一道的；趁我不注意，还喜欢拿我的化妆品在自己脸上画，经常把自己画成大花脸。”

听她们说了这么多，我也不禁想起很多关于大宝的淘气事。大宝好像从小就特别喜欢捉弄我，我不知道这是不是他在向我表达特别的“爱”。

记得他5岁的时候，有一天，我正在电脑面前写稿，他跑到我面前，满脸笑意地说：“妈妈工作辛苦了，补充点能量吧。”

还没等我回话，他从背后拿出一个馒头，望着我说："妈妈吃个馒头吧，我给你蘸了点糖。"

没想到他这么贴心，我禁不住夸他："大宝真棒，还知道心疼老妈呢。"

我接过他递过来的馒头，朝着有"糖"的地方咬了一口，他立即笑弯了腰。哪里是糖，明明是盐。这小子，居然捉弄我。

随着年龄的增长，他捉弄我的本领也不断升级。在给他过了9周岁生日后，我们全家决定去凤凰山游玩。凤凰山景色宜人，让人流连忘返。我正沉醉在迷人的风景里，大宝突然拽了拽我的衣服："妈妈，送你一个礼物。"说着，就将攥着拳头的小手伸了过来。

"什么礼物？"我真是被他捉弄怕了，警惕地问道。

"你不是喜欢石头吗？我刚捡了一块非常好看的石头。"说着，伸开手掌，将"石头"举到了我的眼前。我"啊"的一声，将他手上的毛毛虫打落。这孩子，知道我最怕这些虫子了，居然又一次捉弄了我。

说起孩子的淘气行为，很多父母可能都像我们一样，有满肚子的话要说。

大多数孩子从会走路起就不断展现出过剩的能量。只要不睡觉，只要睁着眼，就一刻不停地活动：攀爬、跑跳、追逐、打闹等。即使上学以后，课堂上也有做不完的小动作，他们好像总有用之不竭的精力。

面对整天上蹿下跳的孩子，有的父母非常的反感，常会制止孩子的淘气行为。如果制止了孩子也不听，脾气不好的父母就会开始训斥，甚至动手打孩子。这样做是不对的，打骂也许能暂时制止住孩子的淘气行为，对孩子的伤害却是永久的。要理解这一点，就要从孩子为什么会淘气这个话题说起。

首先，因为好奇心的存在，所以孩子会淘气。在大人看来司空见惯的东西，在孩子眼里却充满了吸引力，他想弄清楚。所以，一到两岁的孩子，随着体能的迅速发展，他们开始到处走、到处跑，总是喜欢碰碰这个、摸摸那个，表现得很淘气。这种建立在探索欲望上的淘气，并不是坏事。父母应珍惜孩子的好奇心、探索欲，而不是打骂制止了事。

其次，小孩子多精力旺盛，顽皮好动。精力旺盛的孩子大多聪明、反应灵敏、好奇心强、感情丰富，但往往比一般同龄孩子更为顽皮，经常会被大人们视为“不听话”的孩子。

了解了孩子淘气的原因，在孩子淘气的时候，父母就不要动不动就打骂孩子了。打骂虽然能立即制止孩子淘气，对孩子的伤害却是永久的。淘气是他们的本性，长久的压抑，会出现心理障碍。而且，其好奇心、探索欲得到遏制，对孩子的成长是没有好处的。

家长更不应该把自己的喜好作为孩子的行为标准，不能因自己喜欢安静而强迫孩子保持安静。父母应该转变心态，接受“没有不淘气的孩子”这个观念。在保证安全的前提下，允许孩子去释放能量。这样，孩子的身心才不会受到压抑。

孩子淘气并不是什么坏事，父母不仅应该允许孩子淘气，还应该和孩子一起“淘气”。比如，每天抽一些时间出来，和孩子一起跑跑步、打打球等。做些体育运动，不但能消耗孩子多余的精力，还能够增强孩子体魄，促进身心发育，一举好几得，何乐而不为?

教育孩子切忌用蛮力，要用巧劲儿

有一次，我们几个孩子妈妈又聚在一起喝下午茶。边喝茶边聊天，聊着聊着，话题自然又扯到了孩子身上。提起东东，东东妈的脸上洋溢着得意的笑容。我们赶紧让她说说，她是怎么教育东东的，让我们也取取经。

东东妈妈说，东东之所以有今天这样优秀的表现，也是经过了一番曲折的。打开话匣子之后，她大概给我们讲了一下东东这些年的变化。

东东爸爸是一名军人。东东上小学的时候，他长驻部队，只有节假日才能回家，基本都是东东妈妈一个人带东东。虽然一个人带东东很辛苦，好在东东是一个懂事的孩子。见人有礼貌，学习成绩一直也很好。亲戚朋友提到东东，没有不夸的，她为此感到非常骄傲。

东东上初中后，爸爸从部队上转业了，一家人终于能够团聚了。可是自从爸爸回来后，东东变得越来越不听话，可能是到了叛逆期的缘故，东东总是发火生气。

东东的爸爸是典型的军人性格，简单直接。看到东东哪里做得不对，张口就开始训斥，父子俩经常为一点小事争吵，家里总是充满了火药味。

东东的爸爸非常喜欢飞机、坦克、枪支模型。有一次，他费了很大的劲儿，花了很多的钱，买了一辆限量版的坦克模型。拿回家后，小心翼翼地放到书房的柜子里。那天战友叫他有事，他急匆匆地出门，忘了锁书房的柜子。

东东放学后，写完作业准备看会儿课外书，来到书房找书的时候，无意中看见了那个坦克模型。东东自小就喜欢飞机、坦克等玩具，禁不住把坦克模型拿了出来。越看越喜欢，忍不住左掰掰，右拧拧。哎呀，不好，“咔嚓”一声，坦克炮筒掉了下来。正在为难怎么跟爸爸交代的时候，恰巧爸爸回来了。

爸爸见心爱的坦克模型在东东手里，本来心里就很不爽。正要说东东两句，没想到东东先开口说道：“爸爸，对不起，我不小心把坦克炮筒弄掉了。”什么？把坦克炮筒弄掉了？东东爸爸低头一看，果然坦克炮在地上。东东爸爸非常生气，愤怒使他失去了理智，他夺过东东手上的坦克模型，拿起旁边的尺子，狠狠地向东东的双手打去，边打边喊：“谁让你动的？你经过我同意了吗？看我今天不把你手打断，看你能不能长记性！”一下，两下，三下……东东发出一声声惨叫。多亏东东妈妈回家及时，夺过了东东爸爸的尺子，护住了东东。就是这样，东东的右手也肿了起来。东东妈妈心疼东东，赶紧带着东东去了医院。

打过东东之后，爸爸也后悔。看着儿子的小手肿得老高，打心底里也心疼。但是，一想到心爱的坦克模型，气还是不打一处来。

从那次被打之后，东东再也不愿意亲近爸爸。就是爸爸主动和他说话，他也总是不理。他越是不理，爸爸越生气，有时候忍不住就会训斥他，但是东东就像没听见一样，任由爸爸大吼大叫。爸爸要是气急了，对他推搡几下，他不躲也不闪，任由爸爸推就是。如果一不小心摔倒了，自己站起来就是，绝不多说一句话。

孩子的冷漠，让爸爸感到愤怒，更感到恐慌。现实情况逼着他不得不进行反思，东东本是一个懂事的孩子，现在怎么变成了这个样子？问题到底出在哪里？东东妈妈不止一次地对他说过，教育孩子不能用蛮力。思前想后，东东爸爸觉得问题还是出在自己身上。

于是东东爸爸决定改变自己，对东东的态度不再冷冰冰的，对东东说话也温和了许多，虽然一开始，东东对爸爸的故意讨好很冷淡，但是渐渐地他也改变了对爸爸的态度。本来男孩对父亲生来就有一种崇拜感，再加上爸爸曾经是一名英姿飒爽的军人，东东曾经为自己有这样一个爸爸而自豪，现在这种自豪感又回来了。

几个月过去后，奇迹真的发生了，东东不再不理爸爸了，有什么事情还会主动找爸爸商量。让东东妈妈感到吃惊的是，东东变得和以前一样懂事了。父子俩因为有同样的爱好，总是有聊不完的话题，这让东东妈妈感到很欣慰。

东东爸爸能改变自己对孩子的态度，也算得上是一个好爸爸。如果他认识不到自己的错误，一味地对孩子使用蛮力，最终伤害的只能是孩子。父母太过强势，孩子只能低头，但是，孩子的心里是不服气的。

孩子小的时候，父母用蛮力可能会吓唬住孩子，孩子大了以后，可能就会出现这样的情景：父母与孩子为了很小的事儿，闹得不可开交。父母极力想维护自己的权威地位，不肯让步，而孩子由于自己的年幼无知或者没有认识到自己的错误，也不肯向父母低头。这样双方互不相让，结果亲子关系闹得很僵。

打骂能管孩子一时，不能管孩子一世

看完尹建莉老师写的《好妈妈胜过好老师》一书，“不做穿西装的野人”这一节给我留下的印象最深，在这一节开篇中写道：“打骂孩子可能会解决眼前的一个小问题，却给孩子的成长留下大隐患，创痕会伴随孩子一生。”

然而有些父母受错误的教育观念“棍棒之下出孝子”“官打民不羞，父打子不羞”“孩子不打不成器”的支配，动不动就打骂孩子。家庭教育要想成功，要求父母要有良好的素质修养，较高的精神境界，不能抱着过时的教子观念不放。

有的父母是出于“望子成龙，望女成凤”的心理，当孩子由于种种因素，某些方面不能达到父母的期望时，就开始打骂孩子。父母爱孩子，对孩子严格要求并没有错，错的是不恰当的教育手段。无数事例证明，“棍棒式教育”有百害而无一利。父母用棍棒威吓孩子，可能暂时会起到作用，但不会持久。

据我观察，有些父母采用“棍棒式教育”，与自己小时候受到的教育有很大的关系，在教育孩子时不自觉地继承了上一辈的教育方式。虽然他们深知被打骂的滋味不好受，心中会产生怨恨、反抗，但毕竟已经迈过了那道坎，已经没有了切肤之痛。再加上工作繁忙或其他原因，懒得动脑子想其他方法来教育孩子，认为“棍棒式教育”是最直接有效的。因此，一旦孩子犯了错误，就采取简单粗暴的方式进行教育。

还有这样一类父母，自己生活中处处碰壁，生活不如意，工作不顺利。郁闷的心情无处发泄，就将自己的压力转嫁到孩子身上，无缘由地冲孩子发火，或者因为一点小事就对孩子拳打脚踢等。这一类父母对孩子的打骂，仅仅是一种情绪宣泄。这样的父母是极度自私的，完全不顾及孩子的感受，只图自己痛快。这样的父母也是无能的，生活、工作都安排不好，更不可能教育好孩子。

不管出于何种原因，打骂孩子的方法都是不可取的。打骂可以管得了孩子一时，管不了孩子一世。父母总有一天会变老，老到再也抬不起要打孩子的手；孩子总有一天会长大，大到父母够不到他们的脸。

打骂虽然能管得了孩子一时，但是以孩子整体的堕落和消沉为代价的。实际上，父母经常打骂孩子，会造成严重的亲子隔阂；会让孩子失去自信，悲观厌世；会让孩子变得脾气暴躁，心惊胆战，产生对父母、对学校、对社会不满的情绪；会导致孩子说谎的行为；会促使孩子陷入孤独的深渊；会使孩子学习错误的解决问题的方式；甚至会造成孩子人格畸形。

有这样一对夫妻，婚后的日子过得并不好，但是他们有个聪明、懂事的儿子。他们把全部的希望寄托在了孩子身上。

为了把孩子培养成才，夫妻俩省吃俭用，为孩子报各种辅导班，孩子也非常争气，学习成绩一直很好。为了让孩子更加优秀，他们又为孩子报了几个兴趣班。

然而，孩子精力毕竟有限，即使再努力，还是有出错的时候。所以，经常因一些小错被父亲训斥，在孩子还小的时候，父亲的训斥很管用。不过，随着孩子日渐长大，有了自己的主意之后，父亲的训斥越来越不见效了，有时孩子甚至会顶撞父亲几句。

有一次，孩子考试得了九十几分。父亲知道了问道："怎么没考一百分啊？"

"我下次认真就是了。"男孩低着头。

"下次，下次，你这次干什么了？这么简单的题你都能算错，你是猪吗？长的是猪脑子吗？"

"我要是猪，你是啥？"男孩小声顶撞道。

一听这话，爸爸抬起手就给了孩子一巴掌，孩子立即闭嘴不吭声了。这位父亲见打的效果远远胜于训斥的效果，从此以后，孩子稍有不对，这位父亲就开始打他。

有一次，这位父亲又开始打孩子，邻居听见了，纷纷过来劝解。这位父亲却说：“男孩就得打！官打民不羞，父打子不羞，孩子不打难成器……”邻居听了，纷纷摇头。

就这样，在父亲的打骂之下，这个孩子没有越变越好，反而开始逃学、打架。当然，他这样做的后果，自然换来父亲更狠的打骂。

有一次，男孩又犯了错，被父亲用绳子吊起来打。母亲怕孩子被打坏了，就报了警。不过，那天之后，孩子就离家出走了，这对夫妻到处都打听不到儿子的消息。等他们打听到儿子的消息时，儿子已经因为打架斗殴进了监狱。

因为这件事，妻子一直不肯原谅丈夫，夫妻二人最后以离婚收了场。

不管日子苦不苦，一家人能在一起就是幸福。就因为信奉错误的教育观念，一个家庭就这样支离破碎了。

美国幼儿教育家麦恩说：“当孩子流泪——并非是由于害怕惩罚，而是悔悟的时候，就不该再去责罚他了。”事实上，很多父母都做不到这一点，一旦孩子违反了自己的意愿，或是不尽如人意的时候，特别是学习成绩不好的时候，便控制不住自己的情绪，即使孩子已经泪流满面，照样拳脚相加，没有半点宽容之意。当孩子明白，自己悔悟的眼泪没有用的时候，也就不再流泪或讨饶了。

总之，打骂能得到一些暂时的、表面的效果，能管得了孩子一时，但是绝对管不了孩子一世。这是一种畸形的教育方式，是最需要摒弃的。

孩子撒谎，父母要提升容忍度

很多父母，对于孩子撒谎“零容忍”。为什么“零容忍”呢？因为这些父母心里想的是，撒谎关乎孩子的品质问题，品质问题可是大问题。所以，一旦发现孩子撒谎，便会大动肝火。轻则教训一通，重则又打又骂。

父母关注孩子的品质，是对孩子负责的表现，是值得肯定的，但是，采取又打又骂的方法是不可取的。

调查发现，没有不撒谎的孩子。如果发现孩子撒谎，就认为孩子的品质有问题，那真的是有点小题大做了。孩子撒谎的原因是多方面的，要想改变孩子爱撒谎的毛病，先要找准孩子撒谎的原因。

第一种，幻想性撒谎。幻想性撒谎也叫无意识的撒谎，又称之为现实与想象混淆性撒谎。这种谎言一般出现在3周岁以下的孩子身上。比如，我家大宝两三岁的时候，不管哪里碰到一点，就指着那里说“妈妈痛”，每次我给他吹吹、摸摸，他就笑了。但是，有时候根本没碰到，他也会指某处说“妈妈痛”。他之所以这样说，只不过是想让我关心他一下。想得到我的呵护，他就幻想着自己痛。这种撒谎，是出于孩子无意识的本能。

对于这种谎言，其实大人不必太过在意。随着年龄的增长，这种谎言会逐渐消失的。

第二种，行为性撒谎。行为性撒谎也叫有意识的撒谎。比如有的孩子会习惯性地把别人的玩具带回家。当父母问他玩具是哪里来的，他可能撒谎说是自己捡的。有的孩子会从父母的钱包里拿钱，被父母怀疑后，如果父母没有证据，他就死不承认。对于这种谎言，父母通常会很恼火，对孩子训斥、责骂，甚至大打出手。

这样教训孩子，是难起到很好的效果的。孩子撒谎，即便你证据确凿，能名正言顺地把孩子教训一顿，也不可那么做。如果那样做了，下次他可能做得更加隐蔽，让你更难察觉。如果你连证据都没有，就开始训斥他，甚至严刑逼供，胆小的孩子可能会被逼出真相，胆大的孩子一定会反唇相讥。

其实，要解决这个问题，可以用假设法跟孩子交流，在交流中把孩子的动机找出来。你可以对孩子说：“孩子，如果你能承认错误，说出为什么这么做，妈妈可以原谅你。假如你不愿意承认或者不好意思承认，那也没关系，但是你要知道，有些事情是不可以做的，做了会毁了你的一生的。你有什么要求，可以跟妈妈说，应不应该满足你，我们可以商量着来。”

这种推心置腹的谈话，是能够触动孩子内心的。父母如此“通情达理”，孩子会有所反省和内疚。既然能够通过正常渠道满足的要求，他们又何必去冒风险呢？

第三种，被动性撒谎。被动性撒谎是在客观环境逼迫下自我保护的一种反应。无论是有意识的撒谎，还是无意识的撒谎，如果父母惩罚过重，都可能刺激孩子，让孩子变本加厉，撒更大的谎。比如，在学习方面，父母对孩子要求比较严格的话，一个孩子考试得了56分，害怕父母训斥，可能会把56分改成86分后，才拿给父母看，以图蒙混过关。孩子为什么要这样做呢？是因为他有过成绩不好受惩罚的经历。

已经有过做错事被惩罚经验的孩子，为了避免再被父母惩罚，就会想办法进行掩饰过错，其实，这也是一种本能。

找出孩子的谎言破绽很容易，但是这不意味着我们可以严惩孩子。用简单粗暴的方式对待撒谎的孩子，只能把孩子培养成一个撒谎高手，在撒谎的道路上越走越远。

无数事例证明，孩子撒谎大多数是被逼迫的结果。所以，要想改变孩子爱撒谎的毛病，父母一定要提高自己的容忍度，多想一想孩子为什么这么做。

很多时候，孩子撒谎并没有什么恶意。父母不要轻易将孩子的撒谎行为与孩子的品质画等号，不能因为孩子的某一次撒谎就给孩子定性。这样做不但对改掉孩子撒谎的毛病没有任何帮助，反而对孩子的撒谎行为起到了强化作用。

总之，不管孩子出于何种原因撒谎，父母都要提高容忍度，以简单粗暴的方式教育孩子是不可取的。另外，父母是孩子的第一任老师。在平日里，父母一定要谨言慎行，做一个诚实守信之人，给孩子做个好榜样。

第 8 章

转换角色
——像知心朋友一样与孩子对话

在孩子看来，朋友之间是一种平等关系，
彼此相互尊重，没有什么交流障碍。
因而，如果家长能够转换角色，
成为孩子的朋友，
很多问题也就迎刃而解了。

教育的重心在于人性转变、
性格转变和整个人的充分发展。

——马斯洛

放下架子做父母，与孩子平等对话

说到与孩子做朋友这个问题，我们真的要多向国外的父母学习。在国外，很多父母和孩子之间，就像真正的朋友一样，孩子到了18岁之后，更是你走你的路，我过我的日子。

中国父母相对比较传统，认为孩子就是孩子，父母就是父母。父母要维护自己的权威，就要端起父母的架子。如果自己没大没小，跟孩子嬉笑打闹，就会失去权威，丢掉面子。在这种心态下，父母始终以一种居高临下的姿态出现在孩子面前，如果与孩子之间出现了分歧，就会拿出权威进行压制。这样做，不仅不利于分歧的解决，还容易造成亲子关系的隔阂。其实父母完全可以放下架子，跨越代沟，与孩子平等相处，跟孩子做朋友。

要想转换角色，跟孩子做朋友，就要转变观念，深刻地意识到孩子与自己是平等的。美国精神病学家威廉·哥德法勃说："教育孩子最重要的是要把孩子当成与自己平等的人，给他们无限的关爱。"

遗憾的是，在生活中，很多父母总是以为孩子什么也不懂，对待孩子就像是上级对下级一样，处理问题永远都是从自己的角度出发，而丝毫不顾及孩子的想法。这样做，不但得不到孩子的认同，还会引起孩子的反感，破坏父母的形象，且达不到预期的教育效果。

一天，我接到学校老师的电话，说大宝在学校和人打架了，被扣在了学校，老师让我到学校领人。我觉得很懊恼，这孩子怎么就这么不听话。

到了学校，我刚要训斥大宝，班主任老师赶紧说："大宝妈妈，你先别生气。我问过两个孩子了，其实主要是那个孩子的问题。但是我觉得，两个孩子打架，一个巴掌拍不响，所以我把大宝也扣下了，教育教育也是应该的。”

听老师这么说，我想大宝一定已经被老师教训过了。其实，看他那委屈的小眼神也能看得出来。如果这个时候，我再端出做父母的架子，把他教训一顿，难道就真的能收到预想的教育效果，保证他以后不再打架了吗？有了这样的想法后，我没有在学校里发作，而是平静地将儿子带回了家。

回到家后，我坐在椅子上，把大宝拉到身边，问道：“大宝，为什么要跟同学打架？”

“我不想说，你愿意教训我就教训我吧。”他生气地说道。

看来他真的是受委屈了。我仔细一看，大宝的食指上破了一个小口。我找来一个创可贴，将伤口贴上。

“儿子，现在我就是你的朋友，你能跟朋友说说到底是怎么回事吗？让你的朋友帮你分析分析。”

听我这么说，大宝放松了戒备心，开口说道：“是他先惹得我，他把我的作业本弄坏了。”大宝理直气壮地说。

“噢，他把你的作业本弄坏了的确不对，他是故意的吗？”

“我管他是不是故意的，反正他给我弄坏了。”

“其实，你可以选择让他赔偿，或者把这件事告诉老师，看老师怎么处理。”

“当时我太生气了，没有想到。”

“你的手指是怎么弄伤的？”

“我抢他的作业本，想把他的作业本也弄坏，纸把我的手指划破了。纸为什么那么厉害？”

“纸为什么那么厉害这个问题一会儿妈妈给你讲，现在我们先讨论一下打架这个问题吧。”

“我抢他的作业本，他不给，还打了我一拳，我就跟他打起来了。”

“哦，我明白了。我问你一个简单的问题吧，你说打人对吗？”

“不对！”大宝很肯定地说。

“是的，不管是出于什么原因，打人总是不对的。你说你要是把同学打坏了怎么办？”

听我这样说，大宝不吭声了。我继续说：“当然了，要是同学把你打坏了，爸爸妈妈会更难过的，你看你的手指破了一点，妈妈都心疼得不得了。”

听着听着，儿子的声音哽咽了，哭着扑进我怀里，说：“妈妈，我错了，我以后再也不和同学打架了，再也不让你担心了。”

就这样，孩子心中的怨气化解了，以后再遇到这样的问题他也知道该怎么解决了。

父母应该彻底抛弃高高在上、板起面孔说教的架子，这样，孩子才能变得愿意向父母吐露心声，从不愿意与父母沟通变成愿意和父母一起想办法解决问题。

孩子虽然小，但也是有自尊心的。他希望父母能像自己的朋友一样，可以尊重自己，可以平等地与自己对话，而不是总摆出一副长者姿态动辄训斥，甚至打骂自己。

新时代的父母，要想让孩子听话，不与自己对着干，就必须先让自己摆脱传统的教子观念，放下做父母的架子，以平等、真诚的态度与孩子沟通，这样，孩子才能把父母当成自己的知心好友。

换位思考，了解孩子的真实感受

现实生活中，很多父母处理问题永远都是从自己的角度出发，而丝毫不顾及孩子的感受。父母这样做，不但得不到孩子的认同，还会引起孩子的反感，破坏父母的形象，达不到预期的教育效果。就如同下面这位母亲的做法一样。

考试成绩出来了，亮亮高兴地跑回家。

“妈妈，我们今天考数学了。”

“哦，考了多少分？”

“88分，比上次高了10分呢。”亮亮骄傲地喊道。

“哦，对了，你知道邻居家的明明考了多少分吗？”

“好像是90分吧。”亮亮的情绪一下子低落了下去。

这位母亲似乎并没有察觉到孩子的情绪变化，而是接着说：“你怎么又比他考得差？你就不能给我争口气吗？”

“我怎么不争气了？比上次提高了10分呢，老师还表扬我进步了呢。”亮亮生气地大喊。

“你喊什么喊，我这不是为你好吗？你看人家明明，每次都考得那么好。”

“一天到晚，明明长明明短的。你要是觉得明明好，那就让他做你的儿子好啦。”

亮亮说完，冲进自己的房间，“砰”的一声把门关上了。

类似场景在很多家庭都上演过，父母与孩子之间本来很平常的对话，说着说着就吵了起来。很多父母搞不明白，与孩子对话怎么就这么难呢？孩子怎么就不能理解父母呢？

其实，父母又何尝理解孩子了？要想与孩子有很好的交流，站在孩子的角度考虑问题很重要。就拿刚才的例子来说，母亲听到儿子说“妈妈，我们今天考数学了”这句话后，可以对儿子说：“是吗，一定比上次考得好对不对？”当儿子回答说“88分，比上次高10分呢”时，这位母亲可以说：“真是太了不起了，妈妈相信下次还能提高更多！”孩子得到这样的鼓励，心情一定是愉悦的。

我们站在孩子的角度去想，自己比上次考试高了10分，这是多么令人高兴的事，多希望与父母分享自己的喜悦。结果，这位母亲没有对他进行表扬，还提起了邻居家的孩子，对邻居家的孩子进行表扬，贬低自己的孩子。试想，如果我们是那个孩子，心里该是多么的懊恼。

站在孩子的角度看问题，是对孩子的尊重，更是一种有效的沟通方式。它能避免和减少双方的戒备和猜疑，弱化和消除对话过程中的坏情绪，能使对话双方更好地了解对方，传递彼此的意图，从而使对话朝着期望的方向进行。

让孩子信任自己的最佳手段，就是把自己放到与孩子平等的位置上，站到孩子的角度去看问题。换位思考是一种快速拉近和孩子心灵距离的有效方法。

一天，大宝放学后很不高兴，向我抱怨老师当着全班同学的面大声批评他。

我想当然地认为，一定是他犯了错，老师才批评他的。于是用质问的口气说："你又犯什么错了？不犯错老师能批评你吗？"

大宝听我这么说，瞪着眼睛，很生气地说："我没犯错，是老师没事找事。"

"不会吧？老师怎么会无缘无故地批评你。再说，老师怎么不去批评别人，偏偏批评你？"

大宝重重地坐在椅子上，很生气地说："你们大人就是这样，根本不听我们小孩的解释。"

我想，或许老师真的冤枉了他，于是缓和了口气说："好，你慢慢说，到底是怎么回事。"

"我不打算跟你说了，你们大人都一个样。"大宝口气生硬地说。

说到这里，我非常确定，大宝一定是受了委屈，要不然他不会有这样的表现，于是对他说道："有什么委屈你说出来，你不说出来，妈妈怎么给你出主意。"

"其实根本不算什么大事，就是我的铅笔断了，我想向前桌的琳琳借一支铅笔。"

我立即意识到，可能是他借铅笔的时候正好被老师看到，老师认为他上课随意跟同学说话，扰乱课堂纪律，所以才批评他。

于是，我用一种理解的语气对儿子说："我想你当时一定非常尴尬，因为老师当着全班同学的面儿批评你，一定让你觉得无地自容。"

大宝没有想到我真的能理解他的感受，有些怀疑地看了我一眼，说："是的，觉得很没面子，也觉得很气愤。"

我接着说："我当然能理解你，其实类似的事情我也遇到过。记得我上小学五年级的时候，在考场上，我的铅笔用完了，我想问旁边的同学借一支铅笔，老师看见了，大声地批评了我。当时，我感到非常尴尬，也很气愤，和你这次的感觉一样。"

我说到这里，大宝已经对我的事情感兴趣了，并打开了话匣子：“真的？和我的情况几乎一模一样！不同的是，你是在考场上，我是在课堂上。我只是想借一支铅笔，因为我的铅笔铅断了。我觉得老师为这么小的事情教训我，真是太小题大做了！”

“其实，不能完全怪老师。他不了解具体情况，只看到你跟前面同学说话了，不知道你们具体说的是什么。上课的时间是很宝贵的，他不可能停下来，听你仔仔细细地说。现在，我们要做的是好好想想，以后怎样避免这种情况的发生？”

“我可以多准备几支铅笔。”

“这个主意不错。如果你没准备铅笔，也不要慌张。你可以举手，向老师说一下情况，征得老师的同意再向同学借。”

“嗯，小同志，你这个主意也不错嘛。”他学着大人的口气说道。

在具体的家教实践中，父母一定要研究孩子的心理，想一想自己在孩子这样的年龄，遇到同样的事情会怎样想，怎样做。这样就可心发自内心地理解孩子，体会孩子的真实感受了。

有句话说得好，孩子没当过大人，无法理解大人的感受；但是我们都曾是小孩，应该理解孩子的感受。如果父母硬要用大人的标准来要求孩子，势必会发生许多亲子关系上的问题和不愉快。因此，父母应该试着换位思考，帮助孩子解决问题。

父母要学会尊重孩子的意愿和想法

很多父母总是认为孩子太小，根本没有思考问题的能力，所以，不管遇见什么事情，总是喜欢自己拍板决定，不允许孩子表达自己的意愿和想法。其实，父母注重尊重孩子，则更容易让孩子走上成功之路。

著名京剧大师梅兰芳很小就失去了父亲，母亲也在他年少时去世。后来，他跟随老师学京剧，冬练三九，夏练三伏，非常刻苦，因此，大伙都说他是苦水里泡大的孩子。

经过多年的刻苦努力，梅兰芳成了享有国际声望的艺术大师。

因为他从小吃了很多的苦，因而非常疼爱自己的孩子，但是他也很清楚疼爱孩子并非体现在物质上的给予，更应该注重孩子的内心，重视孩子人格的塑造。因此，梅兰芳与孩子像朋友一样相处，孩子们跟他非常亲近。

当时，戏剧界流行子承父业。但是，梅兰芳却不赞同这样做，他认为孩子的父母不能为孩子选定将来从事什么工作，而应该尊重孩子的天性和性格。

正是因为梅兰芳有这样的先见之明，他的孩子能够敞开心扉表达自己的意愿。梅兰芳特别注重观察和了解每一个孩子的兴趣和爱好，并在此基础上，结合孩子的性格，帮助他们确立今后要从事的行业。

他的长子梅葆琛生性稳重、乐于思考，梅兰芳便为他在理工科方面发展提供条件，后来，梅葆琛考上名牌大学的建筑系，成了有名的建筑师。

他的二儿子梅绍武情感丰富、形象思维发达，梅兰芳便送他去美国上文学系。后来，梅绍武成了一位著名的翻译家。

他唯一的女儿梅葆玥沉稳娴静、温婉端庄，梅兰芳便鼓励她好好学习戏曲。后来，在梅兰芳的支持下，梅葆玥成了很有名的京剧演员。

他最钟爱的小儿子梅葆玖自幼心灵手巧，极具艺术家的潜质，加上嗓音和形象俱佳，是子承父业最好的人选。即使如此，梅兰芳也并不急于让他少年习艺，而是直到梅葆玖大学毕业后才让他正式随剧团学艺。后来，梅葆玖成了著名的京剧表演艺术家。

梅兰芳教子有方，经常有人向他请教育子女的经验。每次梅兰芳先生总是微微一笑，淡淡地说："尊重孩子就像尊重观众一样！"

对于演员来说，观众就是他们的衣食父母，不尊重怎么能行？梅兰芳先生向来极为尊重观众，他能说出"尊重孩子就像尊重观众一样"，由此可见，他把对孩子的尊重放在了很重要的位置。

遗憾的是现实生活中的很多父母，总是不懂得尊重孩子。

一天，琳琳妈妈对琳琳说："从明天开始，我们要把你送到爷爷家里住一个月。到了那里，一定要听爷爷奶奶的话。"

听到妈妈的话，琳琳很吃惊，大声地反对："为什么要把我送到爷爷那里？我不去！"

"不去不行，这个月爸爸和妈妈都要出差，没有人照顾你！"妈妈生气地说。

"我不想去爷爷家！"琳琳难过地哭了。

"我不是跟你说了吗？我和你爸爸要出差，总不能把你一个人留在家里吧？"妈妈一脸怒气地对琳琳说。

"你就不能问问我的意见吗？我想去姥姥家，爷爷家总是有人打麻将，我不想去。"

是啊，遇到什么问题，我们不能问问孩子的意见吗？我们不能像孩子的朋友一样尊重一下孩子的想法吗？如果琳琳妈妈一开始这样说："琳琳，爸爸和妈妈要出差，你还小，不能留你一个人在家，把你送爷爷家待一段时间好吗？"由于妈妈采用的是商量的口气，琳琳必然能感觉到妈妈对她的尊重，也就不会有情绪上的不愉快了。

孩子是什么？客观上来说，孩子不是玩具，不是附属品，更不是机器，而是活生生的人。所以孩子也是有人权的，但是孩子的诸多权利却常常被忽视，父母常以高高在上的姿态对待孩子。

从另一个角度说，孩子只有感觉到被尊重，才会更有存在感，更愿意配合父母，积极地去做事。就像苏联教育家苏霍姆林斯基说的一样："如果一个人不能认可自己的存在，就不能在自己心灵里成为主宰者，就不能在生活中确立自己的地位，就不能在人生的道路上自豪地抬起头来走路。"

因此，孩子再小，也有被尊重的需要。当遇到和孩子密切相关的事情时，父母应该征求孩子的意见，并尽量尊重孩子的心声。这样做，不仅可以锻炼孩子的思考能力和表达能力，而且可以通过倾听孩子的意愿和想法，纠正教育孩子的过程中那些带有"强权"色彩的方法。

以宽容之心，无条件地接纳孩子

俗话说得好："金无足赤，人无完人。"很多父母也明白这个道理，但是涉及自己的孩子，就做不到言行一致了。作为父母，应该有一颗宽容之心，无论你的孩子有怎样的缺点，他都是你的孩子。无条件地接纳自己的孩子，才是真的爱自己的孩子。

一个小女孩名叫晶晶，说话有时候会有些口吃，为此没少挨妈妈的训斥。

有一天，她妈妈喊她下楼吃饭，晶晶回答道："马……马上下来！"

妈妈一听就生气了，二话不说，上楼将晶晶一顿训斥："我说过你多少遍了，说个话都不会啊？你长舌头是干什么的？要是不好使我就给你剪了！"

晶晶被妈妈骂得一句话也不敢说，吃饭的时候全家人都很压抑。妈妈吃完饭后，生气地问道："你吃完了吗？吃完了我赶紧送你上学去。"

晶晶怯生生地回答："马……马上……马上吃完了。"

一听这话，妈妈更生气了，大声吼道："我说过一百遍了，你怎么就是不听？你看你把这句话说的，我怎么生了你！"

晶晶吓得哭了出来，她也不知道为什么，一跟妈妈说话就紧张，越想好好说话，结果越说不好。跟别人说话的时候，虽然有时候也会口吃，但是还不太明显。

为了让晶晶把话说好，妈妈就像监工一样，每时每刻都关注着她的说话情况。结果越训斥，孩子口吃的情况越严重。晶晶为此很伤心，妈妈也为此很苦恼。

其实，之所以会变成这样，都是晶晶妈妈负强化的结果。

生活中，有些父母的眼睛总盯着孩子的缺点，并翻来覆去地讲这些缺点，我们称之为负强化。负强化不仅改变不了孩子的毛病，反而易于强化这种毛病。

就拿口吃这件事来说，孩子小的时候，自身发育和对语言的理解和表达能力均不太完善，出现的轻度或者短暂的口吃现象，或者在紧张情形下说不出话来，这都是正常现象。如果父母过度关注这些问题，会让情况变得更加的糟糕。一个人越是害怕什么，越会在不经意间去做什么。

父母对孩子进行教育时，对于孩子表现出来的良好行为给予肯定和表扬，会让孩子特别的自信，以后愿意再重复这种良好的行为，这种做法叫正强化。在面对孩子缺点这个问题上，正强化能够有效地帮助孩子改正自己的缺点。同样是面对孩子口吃这个问题，晶晶妈妈如果懂得使用正强化，而不是一直使用负强化的话，效果就会好很多。

父母都想有一个健康、懂事、聪明的孩子，但是有时候就是这么的事与愿违，孩子生下来可能就带有某方面的缺陷，其实孩子也不想这样，但是这不是他自己能够决定的，所以，父母不能以嫌弃的态度对待孩子，更不能过于着急，气急败坏地去纠正，而是要耐心对待孩子，这不是他的错，虽然需要改正，但不能急于一时，因为他比没有缺陷的孩子付出了更多的努力，这应该值得鼓励。

父母总是以大人的标准来判断问题，这对孩子是不公平的。孩子有缺点不可怕，可怕的是父母对待孩子缺点的态度。父母是孩子最亲、最信赖的人，如果连父母都嫌弃他们，甚至嘲笑他们，那孩子会更加自卑，甚至自暴自弃。

面对孩子的缺点，父母可以通过正面强化，让孩子增强改正的自信心。也可以适当地“忽略”，减轻孩子的心理负担。

记得大宝上一年级的时候，有一段时间特别爱挤眼睛。大约隔十几秒钟就会使劲挤一下眼睛，让人看着特别别扭。发现他有挤眼睛的毛病后，我就立即带他去了医院，但是医生检查后说，大宝的眼睛一切正常，回去多观察吧，应该没有什么问题。

确定这种行为不是疾病引起的，我心里的一块石头落地了。但是，他爱挤眼睛这件事，仍然是我的心病。只要他在我的视线范围内，我就特别关注他的眼睛。

只要看见他挤眼睛了，我就会大声喊："大宝，你又挤眼睛了是不是？"

"我没有。"他总是矢口否认。有时候就在他否认的时候，还会使劲挤一下眼睛。

每当这个时候，我总是很急躁，很生气，忍不住地说："我说过多少遍了，不要挤眼睛，不要挤眼睛，你怎么就不听呢？"

看见我生气了，他总是低下头不吭声。

我会继续数落他："总是挤眼睛，这多难看啊，你控制着点儿不行吗？"

就因为他爱挤眼睛这件事，我没少跟他操心，但是好话说尽了，这个毛病不但没改掉，反而有加重的趋势。我真的着急了，最后不得不向一位儿童教育专家请教。他听完我的叙述，对我说，你的问题就是太过于关注了，忽略是最好的治疗方法。他建议我暗中观察，当着孩子的面别再提挤眼睛这件事。并且让我留意与孩子交往的朋友，看是否有人有这方面的问题。

我首先跟孩子的老师进行了沟通，询问大宝在学校一般都和谁玩，有没有孩子也是这样的情况。老师仔细回想了一下，说大宝最近喜欢和一个高年级的大哥哥玩，那个孩子好像总爱挤眼睛。看来问题的源头找到了，我决定与大宝进行一次谈话。

"大宝，最近你是不是喜欢和高年级的一个大哥哥玩啊？"

"是啊，妈妈你怎么知道的？大哥哥会玩的可多呢！"说着他又使劲挤了一下眼睛，我真想赶紧制止他，但是我想起了专家老师的建议，没有说他挤眼睛的事。

"是这样的，我跟老师聊天的时候，老师说的。你喜欢与人交朋友，这是好事。但是，大哥哥年级比你高，学习任务比你重，你就别总去找他了，和自己班的同学玩不是很好吗？"

"哦，妈妈，我知道了，那我就不去找他了。"

其实，我是这么想的，大宝不找那个大哥哥，对那个孩子来说也是一件好事。小孩子喜欢模仿，很多毛病都是模仿学来的，例如，挤眼睛、口吃等。将大宝与那个孩子分开，就能有效地避免互相模仿。

从那以后，我开始暗中观察大宝，我发现我不出现、不说他，他聚精会神玩玩具的时候，挤眼的次数明显减少。可能是那些日子，我说他说得太多了。我一出现，他就会特别的紧张，一紧张就会使劲地挤眼睛。看得出来他也特别想控制，但是我就像一个提示器一样，脸上写着“挤眼睛”三个字。

所以，那几天，我尽量减少出现在大宝的面前，即使出现，也会与他进行其他方面的互动，尽量转移他的注意力，不让他将我与“挤眼睛”联系在一起。

经过几天的努力，效果十分显著。大宝挤眼睛的次数越来越少，我心里开心得不得了。

有时候就是这样，我们越关注什么，越急于纠正孩子的毛病，反而越对这一毛病进行了强化，使毛病得到了加强，不利于毛病的改正。这个时候，还不如放松心态，故意忽略，给孩子调整的时间呢。

要知道，孩子的可塑性是很强的，不论什么样的缺点和不足，都是可以纠正过来的。即使真的纠正不过来了，那也是你的孩子，需要你无条件地接纳他。每个孩子都是天使，虽然有的天使不是那么的完美，但是只要父母有一颗宽容之心，他们都会绽放出最灿烂的笑容。

莫视孩子与异性交往为洪水猛兽

大宝的堂姐婷婷读初二，学习成绩一直不错。可是最近她妈妈发现，婷婷的手机里竟然存有男生的电话号码，而且放学的路上经常有男生相伴。为此，她妈妈大为恼火，决定采取强硬措施，将这些有可能发展为早恋的萌芽全部扼杀掉。于是严格规定，婷婷的手机里只准存家人和女同学的电话号码，放学后不能跟男生一起走，她会随时去放学的路上突击检查。

婷婷自幼很听妈妈的话，对妈妈的这种做法很不理解，一遍一遍地对妈妈说，她跟这些男生都没什么，都是正常的同学交往。但是，她妈妈根本不听她的解释，让她必须按照自己的话去做。

一个周末，婷婷的手机铃声刚响起，妈妈一把夺了过去，果然是一个男生打来的。那个男生刚说一句“婷婷”，婷婷妈便把那个男孩训斥了一顿，让他以后别再打电话来了。婷婷又气又急，对妈妈说：“这是班上的一个同学。最近班上开展一对一活动，那个男生学习不是很好，老师让我带带他。”妈妈一听更火了，大声地说：“帮助同学，帮女生不可以吗？为什么一定要帮男生？现在学习这么紧张，自己都忙不过来，你就别帮别人了！”

没过几天，婷婷妈妈在婷婷放学的路上突击检查时，发现婷婷和一个男生边说边走，顿时怒不可遏，冲到那个男生面前，气势汹汹地说：“你是谁家的孩子？以后离婷婷远点。”婷婷一听急了，拉着妈妈说：“妈妈，明天学校里搞活动，我们俩主持，正在沟通。”

妈妈根本不听，不由分说拉着婷婷就走了。对于妈妈的做法，婷婷很伤心，她不明白正常的异性交往，怎么妈妈就那么紧张。

为什么父母们那么紧张自己的孩子与异性交往呢？因为现在的孩子普遍是独生子女，生活条件好，性成熟提前，早恋现象非常普遍。所以，一些父母一旦发现孩子与异性同学在一起，便格外紧张，有的父母经常私拆孩子的信件，偷看他们的日记；有的父母就像特务一样，时刻监视着孩子与异性交往的动向。发现一点蛛丝马迹，便不给孩子的异性朋友好脸色。

父母们的这种心情是可以理解的，但是父母们更应该明白，处于青春发育期的孩子，渴望与人交流，渴望得到他人的关注、认同。他们不但喜欢同性、同龄、同兴趣的朋友，他们更渴望结交异性朋友。请回想一下我们自己的青春期，是不是也是这样呢？对异性的爱慕甚至早恋，都是自然而然的事情，没必要视其为洪水猛兽，只要正确地引导就好了。

其实，成长包括很多方面。学会与人交往，包括与异性交往，是一个人成长不可或缺的内容。如果真的等到离开学校走上社会以后才开始与异性交往，很可能就会因为缺乏锻炼而成为与异性交往的“困难户”。

通过长时间的观察我发现，那些在社会上与人交际游刃有余、大方得体的人，自幼在人际交往方面就没有被过多地限制，而那些自幼被过多限制与人交往的孩子，长大后人际交往能力非常差，总给人扭捏、不自然的感觉。

正常的异性交往，有利于淡化孩子对异性的神秘感和好奇心，并能促进和形成健康的友谊关系，使人格得到健康发展。孩子有几个相对比较要好的异性朋友是正常的，一个异性朋友都没有，反而不利于健全人格的形成。我们生活的这个社会，本就是由男人和女人组成的，严厉禁止一方与另一方交往，这本身就是有违规律的。

人的成熟包括身体上的成熟和心理上的成熟。事实上，一个不会与异性交往的人很难说是一个成熟的人。在一定的程度上，与异性交往是青少年走向成熟的一个重要途径。

很多家长担心，孩子与异性交往会分散精力，影响学习。研究发现，适当地与异性交往，能愉悦身心。在情绪饱满、精力充沛的情况下，一个人的学习和工作的效率都是很高的。因此，与异性交往本身并不会对学习造成负面影响，相反还有可能有促进作用。

真正让很多父母担心的可能是孩子早恋，因而禁止孩子与异性交往。心理学的研究表明，异性交往的动机多种多样，很多时候并不是为了谈恋爱而交往，即使约会，也不能与恋爱画等号。我们要相信我们的孩子，他们都有自我保护意识和自制能力，在恋爱问题上一般都会很慎重的。

其实，父母的过度紧张和监视，不但不能阻止孩子早恋，很多时候反而是促进孩子早恋的推手。本来孩子与异性是正常的交往，父母的各种阻止，反而把根本没有那方面心思的两个孩子的内心唤醒了。父母越是强调早恋多么危险，反而越能激起孩子的好奇心与探索欲，走上了早恋之路。

说到早恋，在这里我也想多说几句。早恋其实不可怕，可怕的是父母的态度。

对早恋这个问题，黄磊说过这样一段话："早恋这个词本身就很浑蛋——'什么叫早恋呢'，大人们应该做的是把这种美好的感情往健康的方向引导，就是说你可以尝试恋爱，但不要急于尝试性，即便你要尝试性，也要先把保护措施做好。"

现代社会的性教育现状是：个人胡乱探索，家庭沉默不语，学校隔靴搔痒，社会态度不明。正因为性教育的缺乏，让很多孩子稀里糊涂地陷于早恋之中。

早恋的感觉再美，也具有盲目性、偏激性和危害性。早恋的青少年正处于心理躁动时期，被一种朦胧的性爱意识引导着，由于缺乏必要的性知识和理智，自我约束力较差，有可能在一时的性冲动之下发生性关系，造成怀孕、堕胎等严重后果。

因而，孩子早恋，父母不能视而不见，也不能看似洪水猛兽。睿智的父母，不能动不动就拿出父母的权威，逼迫孩子断绝与异性的交往，而应该放下身段，像孩子的知心好友一样，与孩子谈谈心，聊聊异性。

即使孩子真的早恋了，也不要劈头盖脸地指责，甚至口不择言地侮辱孩子的人格。应该像孩子的朋友一样，承认早恋的美好感觉，回忆当年自己是怎么处理这个问题的。只有取得孩子的信任，孩子才愿意敞开心扉，父母才能帮孩子树立正确的人生观和爱情观。

信任能激发孩子的内心动力

父母与孩子之间的矛盾，很多时候都是由父母的不信任造成的。记得有一名教育专家曾说过："中国家长对自己孩子的信任度在世界家长中，是最低的！"

有的父母更奇怪，同一件事情，自己的孩子如何说都不相信，别人说上一句话立马就相信。

彤彤马上要中考了。

妈妈对彤彤说："彤彤，你马上就要中考了，最近你要加把劲儿。"

彤彤乖巧地点点头。

妈妈继续说："每天放学之后，你先写作业。然后，做一套数学试卷和语文试卷。英语也不能放松，每天复习一课，知道了吗？不许糊弄我。"

"妈妈，你放心吧，我会好好学的。"

有一天，彤彤妈妈早早地做完了手头工作，跟领导打了个招呼，提前下班了。推开家门，发现彤彤在客厅里聚精会神地看电视，根本没有在做功课。

"彤彤！"妈妈大喊一声。

彤彤吓得一激灵，回头一看是妈妈，试图给妈妈一个笑脸，见妈妈很生气，立即关了电视。然后赶紧说："我作业写完了，想休息一会儿。"

"说谎都不用打草稿是吗？你肯定是回家后就一直看电视，书包都没打开吧？"妈妈质问道。

"我真的写完作业了，写完后我放进书包里了，不信我拿给你看。"彤彤边说边从书包里掏出作业本，翻到刚才做的那一页，举到妈妈面前。

妈妈扫了一眼，依然生气地说："鬼知道是不是今天写的，是不是拿以前的作业糊弄我？"

彤彤一听急了，提高声音说："你怎么就那么不相信我？"

"我怎么相信你？回来就看见你在看电视。我不管你今天留的什么作业，现在马上去做。"

"我做过了！"

"做过了重做，惩罚！鬼知道你做没做，我不想听你的解释，你太让我失望了。我这么要求你，还不都是为了你好。"

彤彤没办法，只好摊开作业本，准备再重新做一遍。就在这时，妈妈忽然想到了什么，对彤彤说道："还有，这个周末不许去找欣欣，老老实实在家学习。"

"为什么？我们约好的，到她家互相考生字和单词。"

"我不相信，你们会好好学习？肯定到一起疯玩去了。"

“我做什么你都不相信，从小就是这样，每天像防贼似的，真是受够了。”

“你赶紧写作业，不然我要发火了。”

“你不是已经发火了吗？心情好的时候就跟我说，希望自己成为我最值得信赖的朋友。朋友有你这样的吗？最起码的信任都没有。既然你不信任我，索性我什么都不做了！”

彤彤说完，哭着冲进自己房中，“哐啷”一声将门关上。望着女儿紧闭的房门，彤彤妈妈有一种被击败的感觉。

就在这时，保姆买菜回来了，对彤彤妈妈说：“姐，彤彤放学回来的确先写的作业，写完了央求我让她玩一会儿。我看孩子也挺累的，就跟她说可以看一会儿电视，我买菜回来就赶紧做别的功课。我走了不到一刻钟。我觉得你应该相信彤彤。”

彤彤妈妈知道自己错了，错怪了孩子。

父母是孩子最亲近的人。孩子往往把父母看成自己学习上的导师，德行上的榜样，生活上的参谋，感情上的挚友。特别希望能得到父母的信任。父母的信任，可以给他们带来安全感，可以起到激励的作用。因为，父母的信任意味着尊重与鼓励，这是真正触动他们内心的动力。

信任孩子，让孩子放手去做，真实地感受自己的能力，会让孩子越来越自信。父母应该将关注点聚焦在孩子出色的表现方面，而不是以怀疑的态度面对一切。

实践证明，信任的力量是极大的。父母越信任孩子，越能激发孩子的内心动力，成为最好的自己。

元旦前几天，有一天下午，我坐在沙发上看书，大宝走了过来，用低低的声音说：“妈妈，我想要20块钱。”我一愣，他从来不问我要钱的。

还没等我开口，大宝继续说道：“学校要组织一个文艺队，现在正在选拔合适的人。想参加的人要准备一个节目，我和贾航准备了一个相声，已经排练了好几天了。为了能有更好的效果，我们想买一顶假发。”

“没听说你会说相声啊，是谁给你俩写的稿子？”

“妈妈，我说了你可别生气，我这几天下午的自习课都没上，就在那琢磨稿子了。我听了那么多相声，脑洞那么大，会写好的。”

本想问他要过来稿子，给他看看改改，最后一想算了，就借着这个机会锻炼锻炼孩子吧，相信他能写好，能表演好。

“妈妈相信你能写好，表演好。钱一会儿我拿给你。哪天表演啊？记得告诉妈妈一声，妈妈想去给你加油。”我鼓励道。

“好嘞！谢谢老妈的鼓励和信任。”

他表演的那天，我早早地赶到学校。两个小家伙表演得很精彩，赢得了阵阵掌声。

如果我不信任孩子，觉得他要钱是想买零食吃，或者干别的事情，不肯给孩子钱，必然要跟孩子展开一番唇枪舌剑。结果只能让孩子感到扫兴，打消孩子参加表演的积极性。

如果我不信任孩子，觉得他根本写不好稿子，硬要过来进行修改，最后拿出来的可能会是一个很规范的相声脚本，却在无形中剥夺了孩子锻炼写作的机会。况且，孩子自己写的东西更贴近他们的生活，表演起来更加真实生动。

最后的结果足以证明，信任能够最大程度激发孩子的内心动力，让孩子展现出自己的优秀品质和潜在能力。所以，作为父母，应该充分地信任孩子，给孩子一定的成长空间。

第 9 章

得体退场
——再爱孩子也不要迷失自己

睿智的父母应该与孩子逐渐分离，
让孩子逐渐独立起来。
把自己的生活打理好，把家庭关系融洽好，把自己的事业发展好，
为孩子树立正面积极的榜样，
潜移默化地影响孩子。

自信是一种感觉，有了这种感觉，
人们才能怀着坚定的信心和希望，
开始伟大而光荣的事业。

——西塞罗

在外"铁娘子"，在家"小娘子"

幸福是什么？幸福不是房子有多大，而是房子里有多温馨；幸福不是事业有多成功，而是自己觉得有多快乐；幸福不是成功时的喝彩，而是失意时的温暖。

列夫·托尔斯泰在《安娜·卡列尼娜》的开头第一句话是：幸福的家庭都是相似的，不幸的家庭各有各的不同。这句话的重心在后半句，前半句只是陪衬。是啊，不幸的家庭各有各的不同。但是，我认为，一个家庭幸不幸福，女人起着很大的作用。

我的高中女同学佳花，是名副其实的"校花"加"学霸"。作为女人，我们难免嫉妒，老天为何那么偏心，给了她美貌，为什么还要给她智慧。她工作能力极强，没两年就在职场上打拼出一片天地，人送外号"铁娘子"。后来她认识了她老公，与老公共同创建了一家科技公司。没过几年，公司顺利上市，她成了名副其实的"富婆"。

按这个套路走下去，她准是上帝的宠儿，命运的幸运儿。然而，天有不测风云，一夜之间，公司破产了。她从一个"富婆"，变成了一个彻彻底底的"负婆"。依据经验判断，遭此打击的她，一定容貌憔悴、一脸哀怨、满腹牢骚。

我们同学听说了她的遭遇，策划了一个同学聚会，想借助同学的力量，给她提供一些帮助。她一出现，我们就惊呆了。虽然她穿戴已非名牌，但是大方得体。脸上满是笑意，未见什么悲伤。我们说明来意，遭到了她的婉拒。她说

“铁娘子”的外号不是白叫的，她相信可以和老公东山再起。

后来，她邀请我们去她家做客。200多平方米的别墅换成了50多平方米的民房，屋里虽然摆设简陋，但是养了各种盆栽，姹紫嫣红地开着，别有一番情调。

特别是她对丈夫及儿子的态度，是那样的温柔。当时，她丈夫在书房的电脑前工作，她陪我们说了一会儿话，起身冲了一杯牛奶，轻轻地放在她老公的电脑旁。走出书房的时候，轻轻地带上房门，怕我们的说话声打扰到他。

她的儿子，一看就是一个阳光少年，懂礼貌又不失幽默，根本不像一个生活遭遇变故家庭的孩子。眼前的一幕幕，让我觉得特别感动：我们临走的时候，她儿子送了我们每人一盆小多肉，说是他自己养的，希望我们能常来。

走出同学的家，我们不禁感慨，只要女人懂得经营，无论遭遇怎样的变故或不幸，都可以重燃幸福的焰火。

说完幸福的家庭，我们再说说不幸的家庭。的确，不幸的家庭各有各的不同。但是，家里若有一个强势的女人，这个家庭注定是不幸的。就拿我同学的例子来说吧，如果她把在外面的强势也带到家里。遭遇变故后，必然会把满腔的怨气撒到丈夫身上，对孩子也不可能和颜悦色。

我们不能否认，生活中就是有这样的女人，因为强势惯了，在哪里都要以自己为中心，自己想说什么就说什么，自己想发脾气就发脾气。家庭中有这样一位女人，既是男人的不幸，也是孩子的不幸。我们来看下面这个案例：

6岁的安安在茶几上玩一个玻璃杯子，玩得聚精会神。

妈妈看见了，厉声说道：“安安，你干什么呢？把玻璃杯放下，打碎了怎么办？”

本来安安玩得很投入，妈妈突然一喊，吓了他一跳，手一抖，杯子掉在地上摔碎了。

妈妈立即吼起来：“你看！你看！我怕什么你就偏干什么！你是上天派来惩罚我的吗？家里的东西早晚让你败光了。”

安安知道自己闯了祸，被妈妈一骂，哭了起来。

恰巧这时，安安的爸爸下班回来，推门就看见安安在哭，急忙跑过来抱起安安，忙问怎么回事。

安安妈妈还在气头上，指着安安爸爸说道："你！赶紧把他给我放下来，没买几天的玻璃杯，就让他给我摔碎了。"

爸爸低头一看，才明白是怎么回事。但是他认为，这都是小事。于是，温和地对妻子说："反正都碎了，孩子也知道错了，你就别生气了。"

"你说得轻松，赶紧把他给我放下来！我管得了公司好几十口子人，我还管不了你们俩？"

丈夫很清楚妻子的脾气秉性，只好将孩子放下来。

妻子冲上来，边推安安边喊："你能不能记住？玻璃杯不能玩！我看你以后再敢玩，我非扒了你的皮！"

由于用力过猛，安安脚跟没站稳，向后倒去，摔倒在沙发上，手臂碰到了茶几上的玻璃花瓶，玻璃花瓶从茶几上滚落到地板上，摔得粉碎。

本来打碎了玻璃杯妈妈就够生气了，一看妈妈珍爱的花瓶又摔碎了，安安知道这下祸闯大了，惊恐万分。

安安爸爸知道，妻子必然会怒气冲天，赶紧过去抱住妻子。就在这个时候，安安推门跑了出去。夫妻俩一直拉扯，过了一会儿，才发现儿子不见了，这下他们才慌了。

他们出去找了好久，直到天黑后，才在隔壁小区的花坛角落里找到孩子。

孩子只是选择了玻璃杯这个玩具，这位母亲就大吼大叫。如果她是一位聪明的母亲，她完全可以跟孩子一起玩，跟孩子讨论玻璃的神奇之处。即使不想跟孩子一起玩，也不想让孩子玩，也可以温柔地告诉孩子，玻璃是易碎的，最好不要玩。这样也不至于吓到孩子。安安之所以打碎玻璃杯，最主要的原因是妈妈吓的。

安安的妈妈，是强势女人的典型代表。这类女人通常会把家里搅得鸡犬不宁，把丈夫搞得焦头烂额，把孩子弄得心惊胆战。

就目前来说，当代家庭教育的职责几乎全部由母亲来承担。女人在家里太过强势，控制欲太强，孩子独立做决定的机会必定很少。久而久之，孩子习惯了母亲的教导、指挥、安排，就会放弃自己的承担，失去独立思考和解决问题的能力。

所以，聪明的女人，即使在职场上是人人称赞的“铁娘子”，也不要在这种称赞中迷失了自己，一旦回到家里，就要变成温柔可亲的“小娘子”。有这样的“娘”，才会教出优秀的娃。

父爱不可或缺，让父亲参与进来

有人形容中国的家庭教育为：焦虑的母亲，缺失的父亲，失控的孩子。女人为什么会焦虑？我们看看下边这个女人的日常或许就能找到答案。

每天早上6点钟，女人起床做早餐。

做早饭的间隙，还要叫老公和孩子起床、洗漱，还要趁机擦擦地，收拾收拾屋子。

6点半做好早餐。

吃完早餐大约7点钟，送孩子去幼儿园或学校，然后自己去上班。

上了一天的班，下午5点钟下班。如果有人接孩子，就直接买菜回家。如果没人接孩子，要赶到幼儿园或学校接上孩子，顺路买菜回家。

到家大约6点钟，做完晚饭大约6点半，吃过晚饭大约7点钟，还要收拾厨房、洗碗刷盘子。

接下来就是辅导孩子功课的时间了，时间的长短视孩子的学习情况而定。通常的情况下，都在一个小时左右。

为了能让孩子早点睡觉，吃过晚饭稍微歇息一会儿，就会让孩子去洗个澡。孩子洗完澡便开始催着孩子去睡觉。

孩子睡着之后，劳累了一天的自己才能舒舒服服洗个澡，顺便把该洗的衣服洗了。忙完可能就10点、11点了。

这样的日子，日复一日，年复一年，一个又工作又带娃的母亲，就像一个永不停歇的陀螺，被无形的鞭子抽打着，每天围着孩子转，围着家庭转，还要兼顾自己的工作。你说女人累不累?

其实，聪明的女人完全没必要这么累，完全可以让男人为自己分担一些。就拿上面的例子来说吧，女人在起床的时候，完全可以让男人也起床。女人做早餐的时候，让男人做那些她在早餐空隙做的事。女人做晚饭的时候，可以让男人辅导孩子功课。等男人辅导完孩子的功课，一家人开开心心地吃饭，省时又省力。

经过长期的观察，我发现一种特别有意思的家庭现象。早上整个家里都是女人忙碌的身影，男人和孩子只负责洗漱、吃饭、走人。晚上整个家里仍然是女人忙碌的身影，男人只负责吃饭、躺在沙发上看电视或者玩手机。

为什么男人可以那么闲?有的人可能说了，男人更注重事业，男人在外面已经很辛苦了。当然，我们承认，在现如今的社会，“男主外，女主内”的思想依然根深蒂固，但事实是，如今女人已经不再像古代一样，大门不出二门不迈，只知道在家里相夫教子了。她们也有自己的事业追求，她们照样和男人一样在职场上平分秋色。既然这样，再把家庭的重担全部压在女人身上，那真的是太过分了。

最让人不能理解的不是男人不愿意分担，而是女人不肯放手。有些女人总是从心底里认为，做家务是自己的事情，照顾孩子是自己的事情。总是觉得男人做家务做不好，教育孩子也教育不好。女人不肯放手，男人也乐得清闲。其实，你不让他参与进来，又怎么知道他干不好呢?

特别是教育孩子这件事，本来就离不开父亲的参与。如果母亲不懂得退场，不让父亲参与到孩子的教育中来，对孩子健全人格的形成也是不利的。孩子在成长的过程中，不仅需要母爱，也需要父爱，父爱是不可或缺的，更是母爱所代替不了的。

一位刚下班回家的父亲，脸上写满了疲倦，一屁股坐在沙发上。

儿子看见了，问道：“爸爸，你一天工作多长时间，能赚多少钱?”

父亲无奈地说“一天要工作8个小时，能赚160块钱。”

儿子听了以后，说："爸爸，能借我20元钱吗？"

父亲很气愤地说："我工作这么辛苦，一个小时才赚20元，你小子一张口就要20元，真是不懂大人赚钱的辛苦。你小子肯定又要买什么玩具吧？我不会给你的，赶紧睡觉去。"

孩子听了，什么话也没说，转身回屋睡觉了。

这位父亲静坐了一会儿，觉得自己对孩子太过严厉，起身去找儿子，问道："爸爸可以借给你20元钱，但是你要告诉爸爸，你要用这钱做什么？"

儿子一听，非常高兴，抱着爸爸的脖子说："谢谢爸爸，现在有20元了，我要用这20元买下你的一个小时，这个周末能陪我玩一个小时吗？"

"为什么不让妈妈陪你？"

"每天都是妈妈陪我，我就想让爸爸陪陪我，你教我下象棋好吗？"儿子有些兴奋地说。

心理学家格尔迪也曾说过："父亲是一种独特的存在，对培养孩子有一种特别的力量。"美国耶鲁大学长期研究后得出，如果父亲能够参与到孩子的教育之中，孩子的智商会更高，精力更旺盛，更善于交际，独立性更强。

所以，父亲无论多忙，都不能忽略对孩子的教育。父亲与孩子多接触，孩子才能感觉到深深的父爱。也只有多与孩子接触，父亲才能真正了解孩子，而不是仅仅从妻子的口中得知孩子的近况，只有这样才能够给予孩子及时的关怀和帮助，让孩子快乐地成长。

如果在一个家庭中，父亲总是忙，或者因为其他原因，从来不参与孩子的教育。当有一天，父亲突然想负起责任，想好好关心孩子的时候，而孩子未必愿意让他教育了。

因而，作为母亲，不要大包大揽孩子的教育，要适当地退一步，给孩子的父亲上一步的机会，让孩子的父亲参与到孩子的教育中来。这样一来，不仅自己可以轻松一些，还有利于孩子健全人格的发展，何乐而不为呢？

不要为了孩子死守名存实亡的婚姻

社会在发展，人们的观念在改变。现如今，离婚已经不是什么新鲜事了。但是，既然结了婚，在选择离婚的时候，希望多考虑考虑孩子，都能慎重一些。如果婚姻已经名存实亡，没有挽回的可能性，该离婚就离婚吧。结束不合适的婚姻，对孩子来说，也未必不是好事。

我的闺密湘琳最近找到我，向我抱怨起她上大学的女儿：“你说娟娟怎么那么没有良心啊？我辛辛苦苦把她养这么大，她现在却劝我和她爸离婚！这么多年我死守这个家，还不都是为了她吗？”

提起这个闺密，我也只能是一声叹息。她与她老公恋爱的时候，就觉得这个男人不是自己心目中的白马王子。正当她鼓起勇气要跟对方分手的时候，发现自己居然怀孕了。

她不想打掉孩子，觉得孩子是无辜的，一定要把孩子生下来。于是，怀着身孕嫁给了自己并没那么喜欢的男人。婚后半年，她生下了女儿娟娟。

孩子的出生没有让他们的夫妻生活更甜蜜，反而多了更多的争吵。他俩常常为了鸡毛蒜皮的小事吵。可以说是三天一小吵，五天一大吵，谁也不肯少说一句。

娟娟小的时候，一看见爸爸和妈妈吵架就哭。孩子是湘琳的软肋，娟娟一哭，湘琳立即会抱起孩子，安慰道：“宝宝不哭，爸爸和妈妈闹着玩呢。”

女儿总是抬头望向她：“那你们别闹了，好吗？”

湘琳赶紧答应：“好的，我们不闹，我们再也不闹了。”

但是，说到容易做到难，夫妻俩的争吵还是不断。

在一次激烈的争吵中，老公气得摔门而去，娟娟又哭着问："妈妈，爸爸是不是不要我们了？"

"不会的，一会儿爸爸就回来了。"她怕给娟娟心理带来阴影，所以违心地说道。

其实，那个时候，她老公外面已经有人了，多次提出离婚，但是湘琳不答应。

从此以后，夫妻俩开始冷战。冷战久了，丈夫开始不回家，直接在外面和别的女人过起了日子。其实对于湘琳来说，对丈夫本就没有那么多的爱，他不回家反倒觉得轻松。但是娟娟总是问她："妈妈，爸爸怎么还不回来？"

她意识到，娟娟是需要父爱的。于是，她想尽一切办法让丈夫回家，维持一家三口的局面。丈夫其实也想为了孩子能过就过下去，但是两个人性格实在太不合了。

只要同在一个屋檐下，谁看谁都烦。最后渐渐成了这个样子，夫妻俩只有在娟娟面前才会说几句话，不在娟娟面前形同陌路。

娟娟小学毕业后，湘琳的丈夫忍不住了，和湘琳商量说："我们何苦相互折磨，还是离了吧。"湘琳大怒："女儿才上中学，亏你还有脸提！等她上了大学再说！"湘琳觉得为了女儿，自己所有的隐忍都是值得的。

女儿上中学后，开始住校了。湘琳的老公便与娟娟同步，娟娟周末回家他也回家，娟娟周一前脚刚走，他后脚就出门离家。看着这个把家当旅馆的男人，湘琳也有"干脆离了"的念头，但是一想到孩子，就又犹豫了。思来想去，湘琳决定还是和丈夫凑合下去吧，再怎么说，他是孩子的亲爹，女儿需要一个完整的家。

娟娟学习很努力，考上了一所很不错的大学，大学通知书一到手，湘琳的老公便再次开口道："这么多年，我们一直拖着也没意思，还是离了吧！"

"你休想，等女儿大学毕业工作了再说吧，我们一离婚，她还能好好上大学吗？就这么凑合着过吧。"湘琳生气地说道。

湘琳一直觉得，自己是伟大的。只要女儿幸福，自己幸不幸福不重要，没想到现在女儿竟然劝她离婚。

女儿对湘琳说："妈妈，我已经不是小孩子了，你跟爸爸的感情怎么样我是知道的。你们吵架，你们冷战，再怎么掩饰，我都看得出来。你们不幸福我很难过，为了给我一个完整的家，你们貌合神离，我看着都难受！我知道你不肯离婚是因为我，我恨我自己拖累了你，你知道吗？"

我也劝湘琳，既然孩子什么都知道，已经这样说了，就不要固守早已名存实亡的婚姻了。人生的路还很长，你应该鼓起勇气寻找自己的幸福。

离婚不是什么丢人事，既然决定了，完全可以把真相告诉孩子。其实想瞒也瞒不住，孩子很敏感，总能从生活的细节中感觉出父母感情的变化。孩子能拥有一个完整的家最好，如果夫妻感情已经破裂，该结束就早点结束。在孩子归属问题上，千万不要赌气，要理智地分析一下孩子跟谁会更好。血浓于水，孩子不会因为父母离婚而和父母疏远的。

有些夫妻离婚后，一方带着孩子，就不愿意让另一方与孩子接触，有的甚至干脆搬迁到对方找不到的地方，让孩子看不到自己的父亲或母亲。言谈之间也总是把对方贬得一无是处，向孩子灌输对方的缺点。比如，"你爸爸没有文化，像他那样肯定没什么出息。""就是他不好，我们这个家才散了。"这样的话，孩子听多了，就会在心理上排斥另一方，这样做都是不对的。

离婚后，父母不仅要满足孩子物质的要求，还要担当起教育孩子的责任。不管单亲家庭还是双亲家庭，只要负起教育孩子的责任，孩子同样会很优秀的。家庭的组成不是关键，关键是看怎么教育孩子。给孩子自由成长的空间，只有给孩子足够的爱，无论家庭发生怎样的变故，孩子都会茁壮成长。

做最好的自己，别把劲儿都使在孩子身上

对于孩子来说，自从来到这个世界上，与自己最亲的就是父母了。父母是对孩子影响最大的人，也是孩子最先模仿的对象。

如果说父母是原件，那么孩子就是父母的复印件。要是复印件上出了什么问题，只改复印件是没有用的，最好的办法是改原件。

孩子的所作所为折射出的是父母的所作所为。孩子的好习惯和坏习惯，在他们父母的身上都能找到蛛丝马迹。所以，孩子身上的毛病，与父母也脱不了干系。

有这样一对夫妻，经常抱怨自己的儿子“贪玩”“不好好学习”。

有一次，由于儿子太过贪玩，以至于数学、语文考试都不及格。看着考试卷上那些醒目的大叉，夫妻俩决定一起“收拾”儿子，于是将儿子打得哇哇大哭。

邻居听见了，实在忍不住了，就过去批评他们：“你们整天让孩子别贪玩，好好学习，你们做到了？你俩每天都召集一群人在家里打麻将，整天稀里哗啦的，孩子学习能学进去吗？”

尽管邻居言辞激烈，但这对夫妻一声没吭。

这对夫妻整天要求孩子别贪玩，而自己又贪玩。这样的父母教育起孩子来，一点说服力都没有。这就像有的父母整天喊着不让孩子玩手机，而自己又整天抱着手机不放一样。

父母在教育孩子的时候，重“言传”更要重“身教”。父母是孩子言谈举

止标准的提供者，具有强烈的暗示和感染力。父母要求孩子具备良好的品质和习惯，首先自己要具有。

台湾著名学者蔡文玄先生年事已高，但精神矍铄，记忆力惊人。聊起童年趣事，他能一件件回忆起来，而且讲得绘声绘色；聊起旅行趣闻，他能一件不漏，向听众娓娓道来；聊起读书心得，他更是滔滔不绝。老人家思路之清晰，描绘之生动，着实令人惊叹。

他的儿子蔡澜，与金庸、黄霑、倪匡并称为“香港四大才子”。提到他的父亲，蔡澜曾这样评价：“父亲不老，只因他终生读书。”

蔡文玄先生有一间书房，墙壁四周镶嵌着直抵天花板的书柜，书柜内密密麻麻地摆满了古今中外的图书。对于蔡文玄来说，一天不吃饭可以，一天不读书不可以。正因为他喜爱读书，他的几个孩子，也都成了爱读书之人，长大后分别成了艺术界和教育界的佼佼者。

孩子们爱读书的习惯，其实是蔡文玄先生当年颇费苦心而又不露痕迹培养的结果。蔡文玄回忆起自己的家庭教育方式，曾这样说过：

“我买了大量的书，放在地上，任由孩子们看。他们把书翻得乱七八糟，东南西北丢得满地都是，我一声不响地替他们收拾。隔一段时间，又买进另一批新书，任由他们翻。我从来不逼他们读，可是，他们见我读得津津有味，而满屋子的书又伸手可及，一个个都自动地成了爱书人。”

读书使人明智，很多父母都明白这个道理，因而整天朝孩子嚷嚷着让孩子多读书，甚至舍得花重金，给孩子购买大量的课外书。但是，任凭父母怎么逼迫，孩子就是不喜欢读书。孩子之所以这样，原因可能是多方面的，但是众多原因中，一定有一个原因是父母本身就不爱读书。父母整天玩电脑，玩手机，让孩子爱上读书，那也是不可能的。

榜样的力量是无穷的，正如列宁夫人克鲁普斯卡娅说的那样：“家庭教育对父母来说，首先是自我教育。”父母一言一行、一举一动对孩子都是有影响的。

有一天，我在小区的小广场上偶遇杰杰妈领着杰杰玩。杰杰妈笑着跟我打完招呼后，让杰杰快叫“阿姨”。杰杰好像不高兴，对我看也不看、理也不理。杰杰妈觉得很没面子，当场训斥道：“你这孩子怎么回事？怎么这么没礼貌，怎么不向阿姨打招呼呢？”

“我不想打招呼，我不愿意打招呼，我就不打招呼。”杰杰任性地回答道。

我赶紧说：“没事的，没事的，孩子不愿意打招呼，就别逼他了。”

显然，杰杰妈的情绪已经上来了，冲着杰杰吼道：“你再跟我顶嘴，你再顶嘴我撕烂你的嘴，有没有礼貌？懂不懂尊重人？”

杰杰继续顶嘴说：“你不要总是说我，你总叫我尊重人，你不是也不尊重奶奶吗？昨天你还跟奶奶顶嘴呢，不是把奶奶都说哭了吗？”杰杰妈听了，顿时脸红了。

从这个案例我们就可以看出，父母的言传身教，对孩子的心理发展和品性形成起着多么重要的作用。父母的言谈举止，犹如一本没有文字的教科书，因此，父母在孩子面前要注意自己的言行。要教育孩子懂礼貌、尊重人，父母自己首先要是一个有礼貌的人，懂得尊重他人的人；要求孩子积极进取、勇敢拼搏，父母也要是这样的人才行。

著名主持人杨澜曾经说：“别把劲儿都使在孩子身上，如果自己充实、快乐、有责任感、有情绪管理能力，孩子自然会模仿你的。”

所以，睿智的父母一定不要总是跟孩子较劲儿，孩子有其生长规律，也需要更多的自由，父母要求得太多，不但无益于孩子的成长，相反还有可能阻碍孩子的成长。如果想较劲儿，就跟自己较劲儿吧。好好修炼自己，做最好的自己，以榜样的力量去影响孩子，才是我们应该做的。

不建议女人为了孩子而放弃工作

一天，吃过晚饭后，儿子在他的玩具房里玩玩具，老公躺在沙发上看电视，我坐在电脑桌前准备写一篇文章。

就在这时，我的手机响了，拿起来一看，原来是大学微信群有新消息。我点了进去，我们班的“小不点”说道：“各位老同学好，好久没跟大家联系了，因为我忙着去生‘二宝’了，哈哈！”

接下来是一长串大家真挚的祝福。

说着说着，“小不点”叹了一口气说：“同学们，我的产假马上要结束了，这几天正纠结呢，我和老公都上班的话，难题就出现了。我实在不舍得把孩子扔给保姆带，也不舍得扔到老家给爷爷奶奶带。”

“小不点”的话音刚落，同学李娟立即发过来一段最近在朋友圈转发频繁的话：不要在孩子需要陪伴的年纪选择去赚钱，等你真的有钱了，孩子未必还需要你的陪伴！

顺着李娟发的这段话，同学们展开了热烈的讨论。

有的建议“小不点”就不要上班了，能在家照顾好孩子，照顾好老公就是最伟大的事业。何况，“小不点”上班也赚不了几个钱，挣的那点钱也就刚好够给保姆开支的。

听了这些人的话，“小不点”说：“是啊，两个孩子太需要我了。”

但是，也有同学持有不同意见。他们认为，女人即使为了孩子，也不应该放弃工作。这不是挣钱多少的问题，是为了不让“柴米油盐”淹没自己。

经这些人一说，“小不点”又叹气说道：“是啊，我好歹读了18年的书，难道就是为了当一个家庭主妇吗？如果是这样，那我读书的意义何在？”

大多数生过宝宝的妈妈都曾有过这样的纠结：不舍得将孩子交给别人照料，很想一狠心把工作辞了在家全职照顾宝宝。但是，又怕一旦失去了工作，会承担一些看得见的、看不见的风险。

我身边就有很多女性，生完孩子之后，就成了地地道道的家庭主妇。有些女性凭着家底殷实，或者老公挣钱多，过得倒是也很滋润。而有些女性原本有一颗事业心，只是因为生活所迫，不得已成为一名家庭主妇。

当然，也有些女性权衡之后，做出了“两全”的决定。生完孩子之后，先辞去工作，陪伴孩子两三年，等孩子上幼儿园了，再找份工作，继续自己的职业生涯。这些妈妈们的想法是好的，但是最后的结果却很难说。

据我观察发现，女人一旦在生完孩子之后选择了放弃工作，基本上就再也不会工作了。原因有三个：

一是，与孩子待的时间越久，依赖性越强，越不愿意彼此分开。

二是，一边照顾孩子一边工作很难，工作时间就是一个大问题。

三是，习惯了家这个“安乐窝”，对进入职场，与人竞争存有胆怯心理。

因而，生完孩子之后选择放弃工作的女性，即使孩子上了幼儿园，再步入职场的概率也是很低的。

所以，以长远的眼光来看，为了孩子放弃工作并不是一种明智的选择。

人长时间不工作，会越来越不自信，越来越孤独，甚至惧怕出门与人打交道。

一般来说，在一个家庭之中，话语权通常被经济收入高的人所掌控。女人若长时间不工作，没有什么经济收入，花一分钱都得伸手向丈夫要，话语权会越来越少。

同时，自己的交际圈也会逐渐缩小，视野也会变得越来越窄，关注点只在老公和孩子身上。于是，对老公各种怀疑，对孩子各种吼叫，弄得自己非常焦虑。就像《我的前半生》中的罗子君一样，最终落得个离婚的下场。

一旦婚姻有变，没有工作的女性，可能连转身的勇气都没有。对此，我想结合自己的亲身经历说一说。

生完大宝后，我也有很长一段时间不工作。因为整天窝在家里，很少与外人接触，没有了倾诉的对象，我的全部情绪都留给了工作了一天，拖着疲惫的身子回家的老公。因为每天自己所有的工作都是照顾大宝，能和老公聊的也只有大宝的吃喝拉撒。

直到有一天，老公跟我聊起欧洲经济局势，说他们公司准备到欧洲投资，我说你要去欧洲的话给大宝带回来点奶粉吧，他突然说了一句：“老婆，你还是赶紧工作吧。”

那一刻，我突然意识到，我要是一直围着孩子转，我就废了；我若废了，我们夫妻的感情也就到头了；我们要是到头了，孩子的幸福也就破碎了。

再者说，妈妈整天陪着孩子，对孩子成长也是不利的。因为妈妈对孩子无微不至的照料，容易让孩子越来越“无能”，孩子到了某个年龄段本来应该具有的能力，在妈妈无微不至的照料下，会渐渐地“退化”。

更重要的是，工作可以增强女人的自信心，给孩子树立正面积极的形象。对于女孩子来说，妈妈有工作，她会觉得自己的妈妈很棒，将来自己也要像妈妈一样，而不会去想，我是女孩子，我长大了，结婚了，生了孩子就可以不工作了，有男人养着我就行。对于男孩来说，妈妈努力工作，会潜移默化地影响他，知道工作对一个人来说是非常重要的。

客观地说，我并不是个事业心很重的女人，但我选择继续工作。因为工作可以让我经济独立，不需要依附于任何人；可以让我建立自信，散发女性的魅力；可以让我平和，不会患得患失；可以让我充实，有自己要追求的事业。更重要的是，可以给孩子树立一个好榜样，让我的孩子为我骄傲。

每当别人问大宝，“你妈妈做什么工作”的时候，他总是很骄傲地说：“我妈妈是作家，她写了很多的书呢，有……”看着他那自豪的小神情，我的心里早就乐开了花。而且从三年级开始写作文起，他的作文经常被老师拿出来给同学们读。我知道，这都是潜移默化影响的结果。

所以说，我不建议女人为了孩子放弃工作，如果放弃，也应该是暂时的，有了条件就要重新进入职场，因为工作对于女人的意义，是用金钱难以衡量的。

父母态度一致，形成教育孩子的合力

我们都知道，教育孩子，太过严厉和太过纵容都是不对的。宽严的度一定要掌握好，既不能因为太过严厉摧残了孩子的心灵，又不能因为太过纵容放任了孩子的行为。具体的度，需要家长在教育实践中去摸索。

其实，不管宽也好，严也好，父母教育孩子的态度一定要一致，否则就会出现这样的情形：孩子闹情绪，大人做法各异，有人不理睬，有人忙去哄劝，有人摔门而去，有人指责他人。最后的结果会怎样？孩子更加哭闹不止，弄得家里一团糟。

父母都是深爱自己的孩子的，这一点毋庸置疑。基于对孩子的爱，想让自己的孩子更加优秀，许多父母热衷于角色扮演教育，甚至深陷自己设定的角色之中。在对孩子的教育中，父母的角色扮演的确是有必要的。但是，如果父母扮演的角色不对，或者不到位，则会影响教育的效果，事倍而功半。那么，在教育孩子的过程中，父母一般都会扮演什么角色呢？

传统的教育理念认为，父母要一个“扮红脸”，一个“扮白脸”。也就是一个家长扮演友善或令人喜爱的角色，另一个家长扮演严厉或令人讨厌的角色。认为只有“一慈一严”“一软一硬”，相互配合，相互补充，才能起到最佳的教育效果。

这种传统的教育理念，乍一听，似乎有一定的道理，能够达到一种平衡。所以，一旦孩子出现问题时，就开始这种角色扮演。不是父亲先打骂，母亲来庇护；就是母亲先训斥，父亲来哄劝。常见的是父亲对儿子比较严厉，母亲对儿子比较溺爱。或者，母亲对女儿比较严厉，父亲对女儿比较溺爱。不论是哪一种，都体现了父母在教育孩子过程中态度的不一致。

父母教育态度不一致，是一种不良的教育方式。如果一个家长对孩子比较严厉，另一个家长过于宽容；或者一个家长要求特别严格，另一个家长又完全没有要求。最终的教育结果不难想象：孩子在面对严厉的家长时，战战兢兢，唯唯诺诺，有话也不敢说，有事也不敢做，有理也不敢申辩；在面对宽容的家长时，则像换了一个人似的，为所欲为，想说什么就说什么，想做什么就做什么，一点规矩都没有。

长此以往，对孩子的心理就会产生很大的影响，逐渐养成一些不良习惯。比如欺软怕硬，见风使舵，看脸色行事，等等。

父母教育态度不一致，还可能导致孩子学会钻空子，谁能答应他的要求他就去请求谁，而且区别对待父母，在心里会给父母进行定性，谁好或者谁坏。学会了钻空子的孩子，出了事只会告诉护着自己的家长，让自己免于惩罚。长此以往，孩子找到了自己的保护伞，做起事情来就会随心所欲了。等到有一天，习惯护着孩子的家长猛然醒悟，自己的教育方式是不对的，再想改正的时候，为时已晚。

另外，父母教育态度不一致，容易让孩子不知所措，不知道到底该听谁的好，思维长期处于混乱的状态。

我大学毕业后，在某小学实习期间，我带的班上有个叫小明的男孩，学习状态特别不稳定。作业有时完成得很好，干净整洁；有时完成得很不好，字迹潦草，甚至一点都不做。我找他谈话，他认错态度很好，说会好好学习的。但是，这种状况，一直都没有改变。

想了很久，我都不知道问题到底出在哪里，决定对他进行一次家访。

到小明家后，我了解到，问题就出在小明的父母身上。在教育观点、教育方式上，小明的父母有很大的差异。

小明的爸爸认为，社会竞争越来越激烈，孩子从小就要努力，学习更多的东西。要求小明每天放学后必须先完成作业，再看大量的书，还给小明报了一些课外辅导班。

小明的妈妈则认为，不管社会怎么发展，健康和快乐都是最重要的。小明正是长身体的时候，一定要营养跟得上，于是每天变着法地给小明做好吃的。吃完了，又怕小明长胖，于是带着小明锻炼身体花费了大量的时间。她认为，在学校里学习，孩子已经很费脑力了，回家就不应该再学习了，于是给小明报了一个跆拳道班，强健体魄。

于是，爸爸管小明的时候，小明就像上了弦的钟表，一刻也不得空闲。放学之后先做作业，做完作业看课外书，看完课外书去上辅导班。

轮到妈妈管小明的时候，小明就轻松多了。妈妈首先关注的是小明想吃什么，想吃什么就会立即去做什么。至于作业，小明愿意写就写两笔，不愿意写就不写。爸爸给报的那些辅导班，更是统统不去，而是去妈妈给选的跆拳道班。甚至和孩子串通，掩盖不学习的事实。

父母态度不一致，小明便无所适从，家庭教育的力量越来越弱。家庭教育的力量，来自孩子的父母，如果父母教育态度不一致，劲不往一处使，甚至完全往相反的地方使，作用到孩子身上，必然让孩子不知道往哪个方向去努力。

对于辨别是非能力差、独立性比较差、依赖性强的孩子来说，更需要得到父母一致的指导或建议。如果父母给出的指导或建议各不相同，孩子就会感到很困惑。

所以，父母在教育孩子的过程中，“战线”一定要统一。遇到什么问题应该怎么处理，提前与另一方达成共识。父母态度一致，劲儿往一处使，才能形成教育孩子的合力，教育效果必定事半而功倍。